中国公路网运行蓝皮书

（2021）

交通运输部公路局
交通运输部路网监测与应急处置中心 编著

人民交通出版社

北京

内 容 提 要

本书为2021年度中国公路网运行蓝皮书。全书共分为概述、上篇、中篇和下篇。其中,上篇共五章,分别为:全国公路网交通流量情况分析、全国公路网拥堵缓行情况分析、全国公路网阻断事件情况分析、全国公路网基础设施技术状况分析、全国公路网信息化设施状况分析;中篇共三章,分别为:公路网运行管理机制建设与服务保障情况、公路突发事件应急管理工作情况、公路出行服务与联网收费工作情况;下篇一章,主要介绍地方公路网运行管理与服务工作亮点。

本书可供路网运行管理与业务人员、相关科研工作者及社会公众阅读参考。

图书在版编目(CIP)数据

中国公路网运行蓝皮书. 2021 / 交通运输部公路局, 交通运输部路网监测与应急处置中心编著. — 北京:人民交通出版社股份有限公司, 2024. 10. — ISBN 978-7-114-19795-6

Ⅰ. U491

中国国家版本馆CIP数据核字第2024LB7481号

书　　　名	中国公路网运行蓝皮书(2021)
著　作　者	交通运输部公路局
	交通运输部路网监测与应急处置中心
责任编辑	黎小东　朱伟康
责任校对	赵媛媛
责任印制	刘高彤
出版发行	人民交通出版社
地　　　址	(100011)北京市朝阳区安定门外外馆斜街3号
网　　　址	http://www.ccpcl.com.cn
销售电话	(010)85285857
总 经 销	人民交通出版社发行部
经　　　销	各地新华书店
印　　　刷	北京印匠彩色印刷有限公司
开　　　本	787×1092　1/16
印　　　张	7. 25
字　　　数	130千
版　　　次	2024年10月　第1版
印　　　次	2024年10月　第1次印刷
书　　　号	ISBN 978-7-114-19795-6
定　　　价	80. 00元

《中国公路网运行蓝皮书(2021)》

编写领导小组

主　任：吴春耕　孙永红

副主任：顾志峰　李　斌　张志军　郭　胜　陈　洁
　　　　徐洪磊

成　员：花　蕾　杨　亮　蔚晓丹　孟春雷　徐志远
　　　　侯德藻

编写组名单

邓　雯	尹　硕	董雷宏	王　琰	文　娟	王　鑫	李国瑞
高国庆	尹曦辉	李　琳	刘　博	王世伟	杨　峰	潘　伟
刘　嘉	尹秀玲	王　虎	闫明月	唐道强	李婧芳	王梦佳
贺志高	蔡小秋	张纪升	汪　林	王英平	周可夫	虞丽云
闻　静	郝　盛	陈智宏	李　剑	胡士祥	张恒通	王燕弓
刘凇男	马超云	李　健	孙晓亮	李宏海	邢宇鹏	撒　蕾
帕里再娜·尼加提	石安琪	白　玲	王　剑	周　正	毛志君	
裴　召	苏明杰	卢宝峰				

目录

中篇　全国公路网运行管理与服务工作

下篇 地方公路网运行管理与服务工作

概　述

　　2021年，是党和国家历史上具有里程碑意义的一年，以习近平同志为核心的党中央团结带领全党全国各族人民，隆重庆祝中国共产党成立一百周年，胜利召开党的十九届六中全会、制定党的第三个历史决议，如期打赢脱贫攻坚战，如期全面建成小康社会、实现第一个百年奋斗目标，开启全面建设社会主义现代化国家、向第二个百年奋斗目标进军新征程。

　　2021年，习近平主席出席第二届联合国全球可持续交通大会并发表主旨讲话，党中央、国务院印发《国家综合立体交通网规划纲要》，为行业发展指明了前进方向、提供了根本遵循。交通运输行业在以习近平同志为核心的党中央坚强领导下，以习近平新时代中国特色社会主义思想为指导，全面贯彻党的十九大和十九届历次全会精神，按照中央经济工作会议和《政府工作报告》部署，坚持稳中求进工作总基调，完整、准确、全面贯彻新发展理念，服务加快构建新发展格局，统筹疫情防控和经济社会发展交通运输各项工作，着力推动行业高质量发展，加快建设交通强国，努力当好中国现代化的开路先锋。

　　1. 公路基础设施建设稳步推进。 2021年底，全国公路总里程达528.07万公里❶，同比2020年增加8.26万公里；公路密度55.01公里/百平方公里，同比2020年增加0.86公里/百平方公里。其中，二级及以上等级公路里程72.36万公里，同比增加2.13万公里，占公路总里程13.70%，同比2020年提高0.2个百分点。高速公路里程16.91万公里，同比增加0.81万公里。国家高速公路里程11.70万公里，同比增加0.40万公里。全国公路桥梁96.11万座、7380.21万延米，同比2020年增加4.84万座、751.66万延米。全国公路隧道23268处、2469.89万延米，同比2020年增加1952处、269.96万延米。

---

❶　本书中全国统计数据均未包括香港特别行政区、澳门特别行政区和台湾省资料。

2. 全国干线公路网运行总体平稳有序。2021年,全国高速公路日均通行量❶为3198.80万辆次,同比❷2020年增长6.26%。其中,客车日均流量2451.63万辆次,占比76.64%,同比增长7.62%;货车日均流量747.16万辆次,占比23.36%,同比增长2.05%。全国干线公路网畅通情况有所好转,路网拥挤度❸为20.7%,同比2020年增长1.4个百分点;全国高速公路日均拥堵缓行1000米以上的路段数量为2265个,同比2020年日均数量减少23个,同比下降1.01%;全国高速公路日均拥堵收费站为137个,同比2020年日均值减少107个,同比下降43.85%。全国31个省(区、市)累计报送各类公路交通阻断事件15.33万起,累计阻断里程约227.44万公里,累计阻断持续时间约907.60万小时。

3. 公路桥隧养护管理水平不断提升。2021年,国家公路网技术状况监测包括31个省(区、市)和5个计划单列市的1万公里路面、64座重点桥梁、33座重点隧道及2500公里沿线设施。全国31个省(区、市)国家公路网技术状况监测评价平均得分为90.19,国家公路网总体处于良好的技术状态。桥梁综合评价平均分为87.12分,隧道综合评价平均分为85.04分,技术状况总体情况较好。沿线设施技术状况指数(TCI)为95.76,全国沿线设施技术状况总体评定等级为优。

4. 全国干线公路网运行监测能力持续增强。截至2021年底,全国公路网视频监测设施(含路段互通、收费站、桥隧、服务区)总规模近41.3万套,其中高速公路平均布设密度达1公里/套,高速公路高清级视频监测设施占比93%以上。全国高速公路交通量监测设施总规模达1.9万套,平均布设密度达18公里/套;普通国省干线公路交通量参数监测设施总规模为1.2万余套。全国公路网气象监测设施总规模为4700余套,其中,高速公路气象监测设施总规模为4600余套。

5. 公路出行服务工作取得良好效果。截至2021年底,全国高速公路服务区和停车区总数合计6695座。其中,被列入2021年民生实事建设改造计划任务的服务区和停车区数量为3890座,占公路服务区和停车区总数的58%。全国"厕所革命"专项行动累计完成建设改造的服务区和停车区数量为4218座。全国各省(区、市)开通具有公路出行信息服务功能[含ETC(电子不停车收费)业务]的微博58个,微信账号164个,移动客户端24个,共计开通客服电话号码164个(含ETC客服及12328电话)。

---

❶ 2021年高速公路通行量数据:为高速公路门架交易通行流量(去重),节假日免费通行期间采用门架交易通行与车牌识别综合流量(去重)。

❷ 2020年高速公路通行量数据:1月1日至5月5日以及节假日免通期间为高速公路门架车牌识别流量(去重),其余为高速公路门架交易通行流量(去重)。

❸ 路网拥挤度:路网中处于中度拥堵和严重拥堵状态的路段里程占路网总里程的百分比。

6. 公路应急保障体系建设和处置工作稳步推进。 2021年,交通运输部开展公路水路承灾体普查工作,截至12月31日,全国各行业普查平均完成进度86.5%,交通行业完成进度97.2%,完成进度较好。截至2021年底,共14处国家公路应急储备中心已建成并投入使用,已建成库房49座,储备应急处置、工程机械和后勤保障等类型专业应急装备1039台/套。各级公路交通部门高效处置了河南"7·20"特大暴雨洪涝灾害、云南省漾濞县6.4级地震、青海省玛多县7.4级地震等重特大突发事件。

7. 联网收费运营服务体系不断优化。 2021年,全国29个联网收费省(区、市)总交易量约108.38亿笔、总交易额6186.67亿元,其中ETC交易量约73.25亿笔、日均2006.9万笔,同比2020年增长5.3%。2021年12月份,全网ETC支付使用率为67.52%,客车ETC支付使用率为68.69%,货车ETC支付使用率为64.18%。全国收费公路通行费电子发票服务平台系统发票开票量约12.57亿张、开票金额2016.42亿元,日均开票量为344.50万张,较2020年同比上涨78.22%。

上 篇

全国公路网运行
监测与分析评价

第一章
全国公路网交通流量情况分析

一、全国高速公路网通行量情况

根据全国高速公路门架系统的数据统计,2021年全国高速公路日均通行量为3198.80万辆次,同比2020年增长6.26%,比2019年❶增长8.78%。其中,客车日均流量2451.63万辆次,占比76.64%,同比增长7.62%;货车日均流量747.16万辆次,占比23.36%,同比增长2.05%。

(一)高速公路通行量时间分布特征

从时间分布看,2021年全国高速公路通行量月度变化相比2020年较为均衡,最高值与最低值相差704.52万辆次。1月通行量为全年最低,2月疫情形势趋稳且受春节春运出行增加影响,同比增长最大,增幅达168.70%。从1月开始,通行量逐月上升至5月达到全年最高(3585.13万辆次),且5月1日创单日通行量历史新高,6月回落后波动变化,至10月通行量再次达到全年次高值(3583.77万辆次),与5月基本持平。具体月度分布情况如图1-1所示。

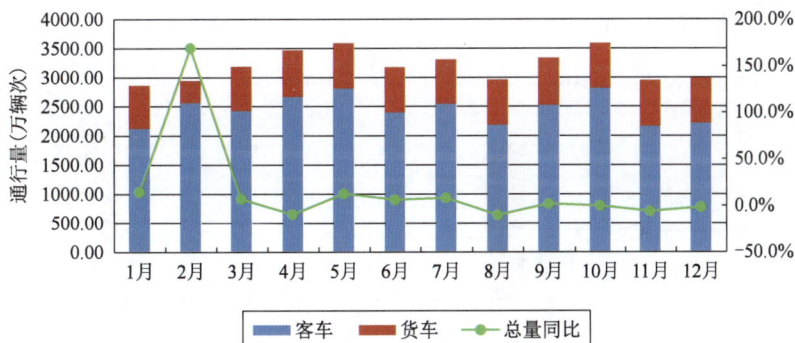

图1-1　2021年全国高速公路通行量月变化情况

---

❶　2019年高速通行量数据为高速公路出口流量(去重),重大节假日期间采用免费通行报送系统数据。

1. 受疫情等因素影响,1月通行量全年最低,但同比仍增长

受河北、辽宁、黑龙江、吉林等地新冠疫情散发及季节性变化等因素影响,2021年1月为全年通行量最低月份,但与往年相比仍为增长态势。与2020年疫情爆发初期相比,1月全国高速公路通行量同比增长14.40%,其中客车通行量受疫情影响较大,同比增长1.40%,货车通行量同比大幅增长,增幅达73.00%;与2019年(疫情前)同期相比,1月全国高速公路通行量增长7.70%,其中客车通行量增长0.50%,货车通行量增长30.40%。具体情况如图1-2所示。

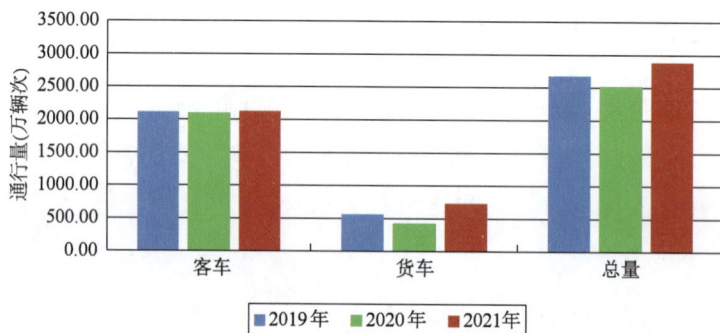

图1-2　2019—2021年的1月全国高速公路通行量情况

2. 相对疫情爆发初期,2月高速公路通行量同比大幅增长

2021年2月,疫情形势趋稳,同时受春节春运出行增加等因素影响,与2020年疫情爆发初期相比,全国高速公路通行量同比增长168.68%,比2019年同期下降0.39%,基本恢复至疫情前水平。其中客车通行量同比2020年增长214.27%,比2019年同期下降3.29%;货车通行量同比2020年增长37.71%,比2019年同期增长23.97%,明显高于疫情前水平。具体情况如图1-3所示。

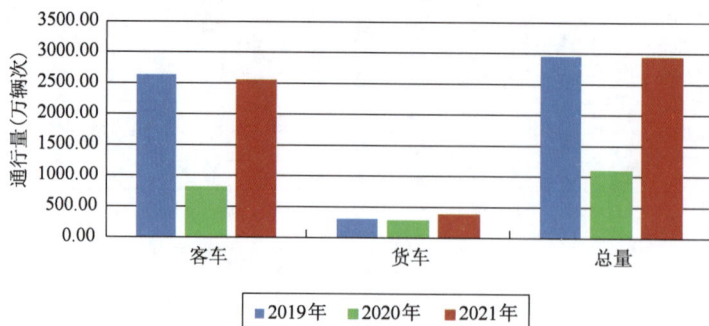

图1-3　2019—2021年的2月全国高速公路通行量情况

3. 疫情防控常态化阶段,高速公路通行量受局地疫情散发等因素影响波动

历经1年多时间,从武汉保卫战、湖北保卫战到各地抗击疫情的一次次考验中,我国已积累形成相对有效的防控策略,2021年未再出现2020年疫情爆发初期通行量断崖式下降、复工复产阶段报复性反弹等情况,全年基本处于疫情防控常态化状态。

2021年,新冠疫情多次出现局地散发情况,但对高速公路通行影响相比2020年明显缓解。3月、4月,云南出现本土病例;5月安徽、辽宁、广东出现本土病例;6月广东、浙江出现本土病例;7月云南、江苏本土病例相对较多,辽宁、广东、四川等10余省(区、市)有疫情散发情况;8月,江苏、湖北、湖南、河南、云南、广东疫情形势严峻,北京、天津、上海、四川等10余省(区、市)出现零星散发病例;9月疫情相对集中在云南、广东、福建、黑龙江等地;10月上半月黑龙江、福建本土病例相对较多,下半月内蒙古、甘肃、北京等省(区、市)本土病例相对较多,其他省(区、市)虽有散发病例但持续时间不长;11月黑龙江、河北、辽宁、北京、云南、四川等省(区、市)疫情形势严峻,12月内蒙古、黑龙江、浙江、云南、广西等省(区、市)相继出现疫情局地相对集中情况。

从上述疫情发展情况来看,8月疫情发展有所扩散,广东、江苏、湖北、湖南等省(区、市)交通量受疫情影响下降较大,全国高速公路通行量比2019年(疫情前)同期下降4.27%;其余月份疫情仅在部分省(区、市)内出现,对公路交通影响有所减弱,全国高速公路通行量均高于2019年同期水平。具体情况如图1-4所示。

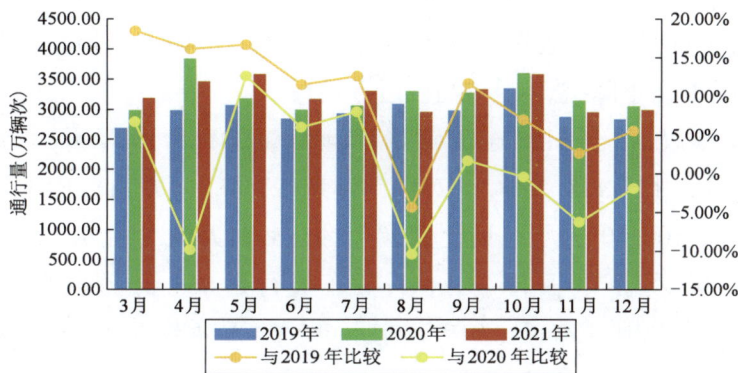

图1-4　2019—2021年的3—12月全国高速公路通行量情况

4. 节假日期间,高速公路通行量未恢复同期水平,受各地出行政策影响较大

(1)元旦

2021年元旦假期期间[1],全国高速公路网日均交通流量达3241.15万辆次,同比

---

[1]　2021年元旦假期为1月1—3日,共3天;2020年元旦假期为1月1日,共1天。

2020年元旦(2818.49万辆次)增长15.00%。其中,客车日均通行量同比增长19.24%,货车日均通行量同比下降0.65%。元旦假期交通流量高峰日为元旦当日达3376.50万辆次,同比增加19.80%。具体情况如图1-5所示。

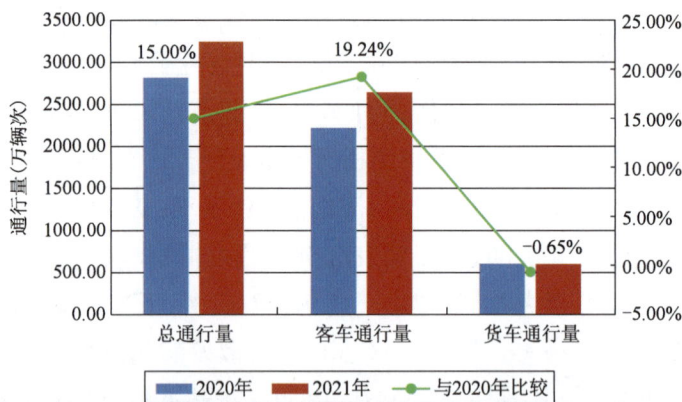

图1-5 2020—2021年的元旦假期全国高速公路通行量情况

(2)春节

受疫情防控和倡导就地过年等因素影响,2021年春节期间公众跨省出行总体减少,城市物资供应保障需求较往年更大,与正常年份相比人口长距离流动规模显著降低,出行以中、短途交通为主。其中,省内回乡和返程出行通行量较大,大中城市及景区周边小客车通行量明显,高速公路网流量与2020年春节假期同期相比明显增长,与2019年春节相比有所下降,总体呈中高位运行状态。

2021年春节假期,全国高速公路累计通行量21965.15万辆次,同比2020年(10063.61万辆次)上升118.26%,比2019年同期(27548.14万辆次)下降20.27%。其中,客车通行量21100.30万辆次,同比2020年(9586.14万辆次)上升120.11%,比2019年同期(26860.90万辆次)下降21.45%;货车通行量864.85万辆次,同比2020年(477.47万辆次)上升81.13%,比2019年同期(687.24万辆次)上升25.84%。具体情况如图1-6所示。

(3)清明

2021年清明公众祭扫、探亲、出游等需求较为旺盛,出行群体以返乡流与旅游流为主,方式主要是中、短途自驾出行。大中城市及景区周边小客车交通流量较大,高速公路网通行量与2020年清明假期同期相比增长显著,与2019年清明相比略有增长,总体呈中高位运行状态。

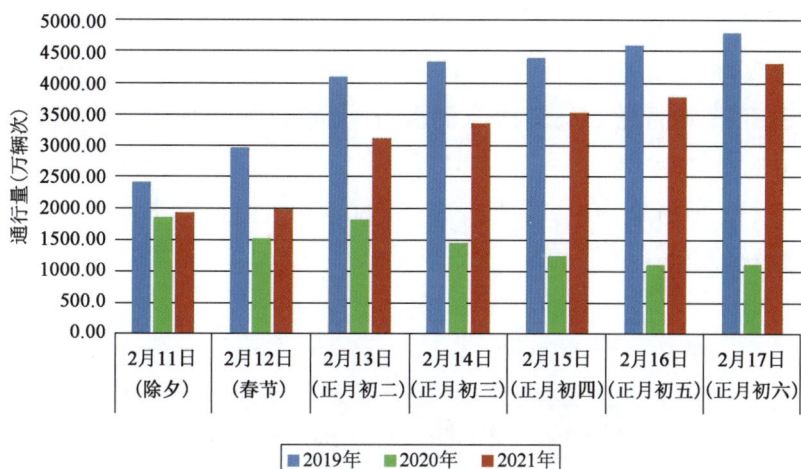

图1-6 2019—2021年的春节期间高速公路网通行量对比

2021年清明假期,全国高速公路网通行量14726.09万辆次,同比2020年清明假期(11291.58万辆次)上升30.42%,比2019年清明假期(14652.30万辆次)上升0.50%。其中,客车通行量11291.58万辆次,同比2020年清明假期(8875.33万辆次)上升46.67%,比2019年清明假期(12922.30万辆次)上升0.74%;货车通行量1708.33万辆次,同比2020年清明假期(2416.25万辆次)下降29.30%,比2019年清明假期(1730.00万辆次)下降1.25%。具体情况如图1-7所示。

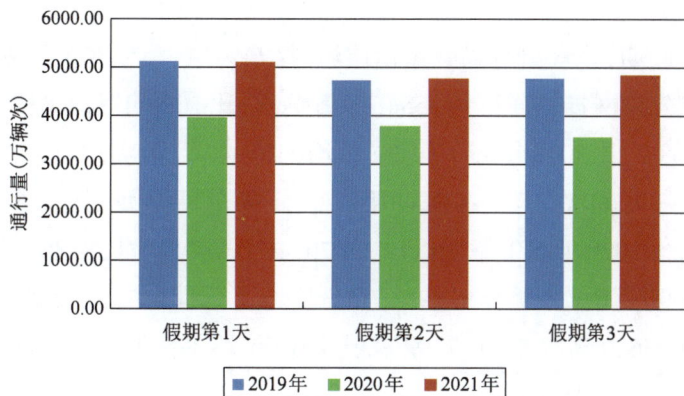

图1-7 2019—2021年的清明假期期间高速公路网通行量对比

(4)"五一"

2021年"五一"假期期间,全国高速公路网运行总体平稳。假期首日全国高速公路网通行量达6099.14万辆次,创单日路网通行量历史新高,同比2020年上升26.66%,比

2019年同期上升6.56%。"五一"期间,全国高速公路通行量累计26462.23万辆次,日均5292.45万辆次,同比2020年"五一"假期上升16.87%,比2019年"五一"假期上升2.80%。其中,客车通行量23688.19万辆次,日均4737.64万辆次,比2020年"五一"假期上升31.80%,比2019年"五一"假期上升3.60%;货车通行量2774.05万辆次,日均554.81万辆次,比2020年"五一"假期下降40.60%,比2019年"五一"假期下降3.55%。具体情况如图1-8所示。

图1-8 2019—2021年的"五一"假期期间高速公路网通行量对比

（5）端午

2021年端午假期,公众出行以中短途旅游、探亲为主,小型客车行驶收费公路正常收费。全国高速公路网日均通行量3554.79万辆次,比2020年端午假期（日均3270.82万辆次）增长8.68%,比2019年端午假期（日均3151.43万辆次）增长12.80%。单日最高通行量3659.43万辆次,出现在假期第一天。按车辆类型划分,客车日均通行量2906.89万辆次,比2020年端午假期（日均2670.46万辆次）增长8.85%,比2019年端午假期（日均2659.90万辆次）增长9.29%;货车日均通行量647.91万辆次,比2020年端午假期（日均600.36万辆次）上升7.92%,比2019年端午假期（日均491.43万辆次）上升31.84%。具体情况如图1-9所示。

（6）中秋

2021年中秋假期期间❶,虽然江汉、江淮、黄淮、华北、东北等地区有降雨天气,且福

---

❶ 2021年中秋假期为9月19—21日,共3天;2020年中秋国庆假期连续8天时间,不具备可比性;2019年中秋假期为9月13—15日,共3天。

建等地出现局部聚集性疫情,但公众短途探亲、旅游等出行意愿基本未受影响,全国高速公路网日均通行量较2019年中秋假期流量明显增长。

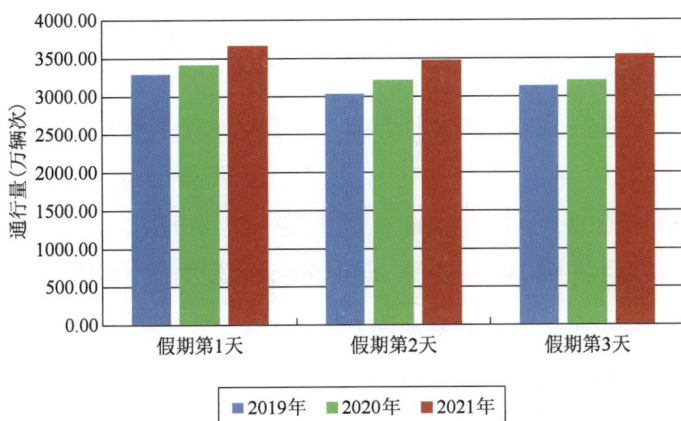

图1-9　2019—2021年的端午假期期间高速公路网通行量对比

2021年9月19—21日,全国高速公路总流量10964.67万辆次,日均流量3654.89万辆次,比2019年同期(日均3214.43万辆次)增长13.70%。其中,客车流量9154.78万辆次,日均3051.59万辆次,比2019年同期(日均2735.63万辆次)上升11.55%;货车流量1809.90万辆次,日均603.30万辆次,比2019年同期(日均478.93万辆次)上升25.97%。具体情况如图1-10所示。

图1-10　2019年、2021年的中秋假期期间高速公路网通行量对比

（7）国庆

2021年假期期间❶，全国高速公路网持续处于高位运行状态，日均流量和单日最高流量均创同期新高。10月1日总通行量5740.78万辆次，为整个假期最高值，同比2020年高峰日（10月1日，5301.58万辆次）上升8.28%，比2019年国庆假期高峰日（10月3日，4486.30万辆次）上升27.96%。

10月1—7日，高速公路总通行量34904.58万辆次，日均4986.37万辆次，同比2020年上升3.37%，比2019年上升16.67%。其中，客车通行量30921.04万辆次，日均4417.29万辆次，同比2020年上升4.06%，同比2019年上升14.69%，省内出行占比达到91%以上；货车通行量3983.54万辆次，日均569.08万辆次，同比2020年下降1.67%，同比2019年上升34.66%。具体情况如图1-11所示。

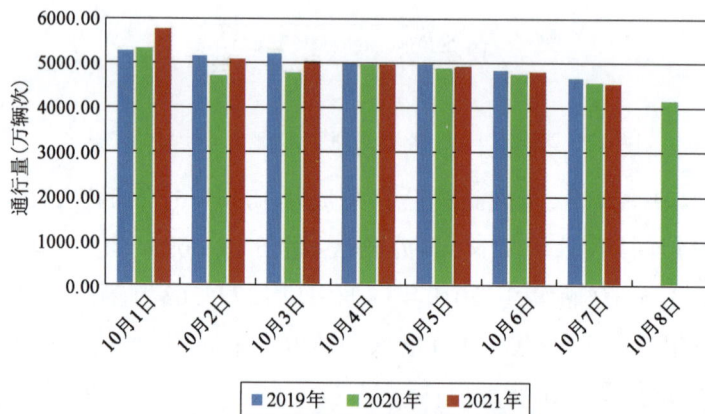

图1-11　2019—2021年的国庆假期期间高速公路网通行量对比

（二）高速公路通行量区域分布特征

1. 华东、华南地区高速公路通行量占比近五成

从空间分布看，全国高速公路通行量区域分布不均衡，华东、华南最高，西南、华北、华中次之，西北、东北最低，总体分布呈阶梯式特征。其中，华东地区日均通行量为828.84万辆次，占全国总量的25.91%；其次是华南地区，为725.45万辆次，占全国总量的22.68%。日均通行量最小的区域是东北地区，为117.61万辆次，占全国总通行量的3.68%。具体如图1-12所示。

---

❶　2021年国庆假期为10月1—7日，共7天；2020年中秋国庆假期连续8天时间，为10月1—8日；2019年国庆假期为10月1—7日，共7天。

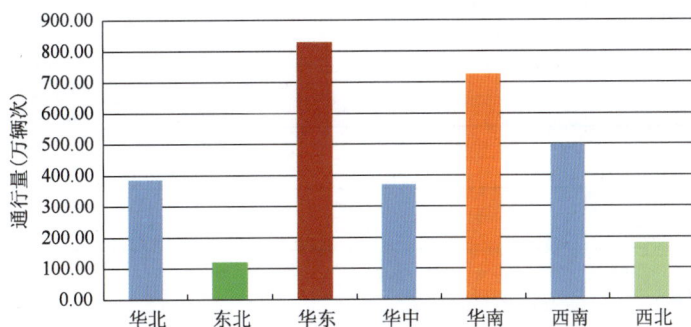

图1-12　2021年全国高速公路区域通行量分布情况

2. 京津冀、长三角、粤港澳、成渝地区通行量占比近六成

从几个典型区域高速公路通行量分布情况看,京津冀地区、长三角地区、粤港澳大湾区、成渝地区四个区域省份的通行量总量在全国占比近六成。其中,粤港澳大湾区(广东)日均通行量为652.36万辆次,约占全国总量的20.39%;长三角地区(安徽、江苏、上海、浙江)日均通行量为575.41万辆次,约占全国总量的17.99%;成渝地区和京津冀地区通行量基本持平。具体如图1-13所示。

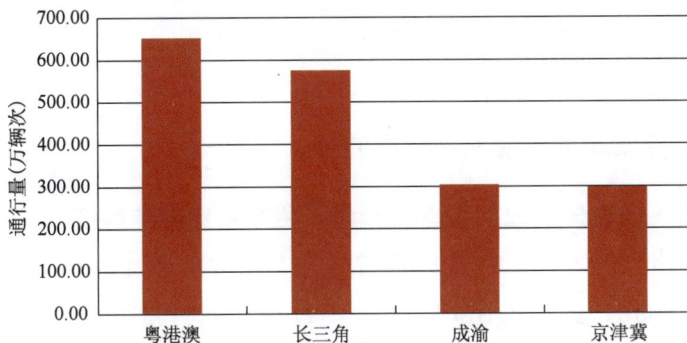

图1-13　2021年全国高速公路典型区域通行量分布情况

3. 广东、四川、浙江通行量较多,天津、河北、宁夏跨省通行量占比较高

从高速公路通行量分布情况看,总量规模与该地区经济发展、产业布局、地理位置有密切关系,跨省通行则与地理位置关系更为突出。2021年,高速公路通行量排名前五的依次为:广东652.36万辆次、四川220.57万辆次、浙江213.79万辆次、江苏172.12万辆次、山东153.42万辆次;高速公路跨省通行占比排名前五的依次为:天津15.72%、河北7.34%、宁夏5.48%、安徽5.43%、江西5.42%。具体如图1-14所示。

全国高速公路通行量分省汇总表见附录A。

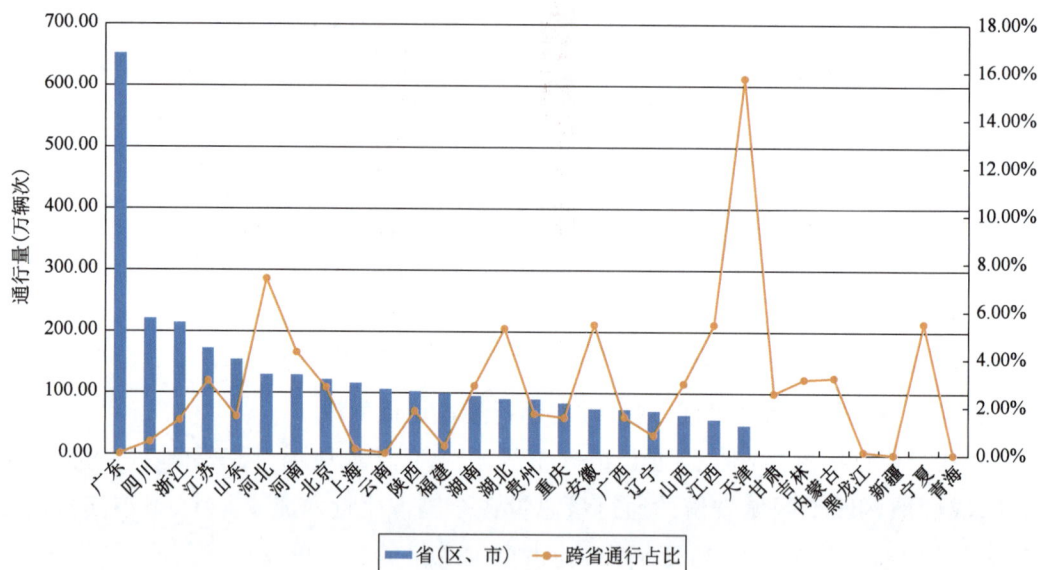

图 1-14　2021年高速公路通行量及跨省通行占比情况

二、全国高速公路网货车通行情况

（一）高速公路货车通行量时间分布特征

1. 受节假日等因素影响，2月货车通行量及货车占比全年最低

受春节春运出行等因素影响，2021年2月为全年货车通行量最低月份，日均货车通行量约389.86万辆次，货车占比13.23%。9月货车通行量最高，日均货车通行量约815.68万辆次，比2月份增加425.82万辆次。11月货车通行占比最高，约26.92%，比2月上升13.68个百分点。具体情况如图1-15所示。

2. 春运期间，货车通行量先于客车恢复并超过疫情前水平

2020年春运期间受疫情影响，全国高速公路通行量出现断崖式下降。2021年随着疫情防控常态化，春运期间，全国高速公路通行量恢复至疫情前水平，与2019年同期（农历）相比上升0.45%，其中，货车通行量比2019年同期上升31.45%，先于客车恢复并超过疫情前水平。具体情况如图1-16所示。

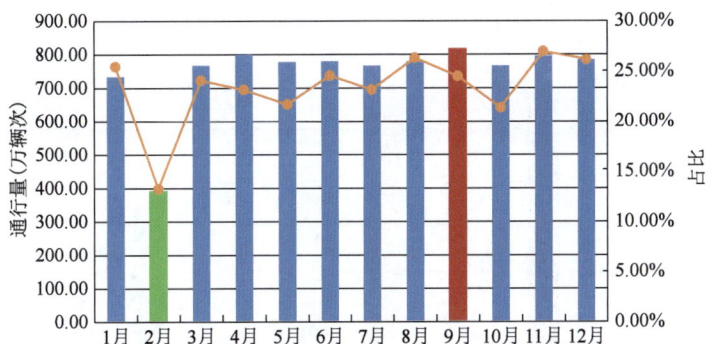

图 1-15 2021年全国高速公路货车通行量及货车占比月变化情况

图 1-16 2021年春运期间全国高速公路通行量变化情况

（二）高速公路货车通行量空间区域分布特征

1. 华东、华南地区高速公路货车通行量占比超五成

从空间分布看,全国高速公路货车通行量占比差异较大,华北、华东最高,西北、华中、东北次之,华南、西南最低,总体分布呈"北高南低"特征。其中,华北地区日均货车通行量为112.66万辆次,货车占比29.21%;其次是华东地区,日均货车通行量为222.307万辆次,货车占比26.82%。日均货车通行占比最小的区域是西南地区,货车占

比不足两成。具体如图1-17所示。

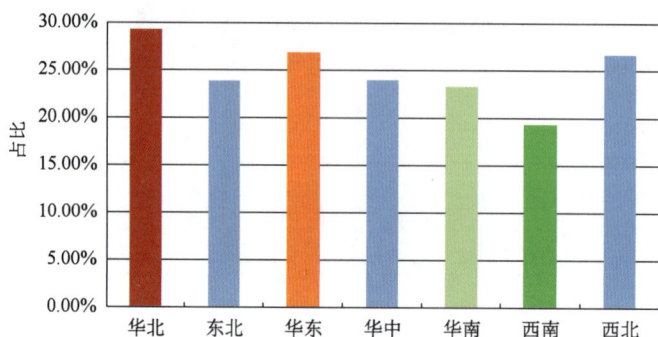

图1-17 2021年全国高速公路区域货车通行占比情况

2. 长三角、京津冀地区货车通行占比超四分之一

从几个典型区域高速公路货通行量分布情况看，长三角地区日均货车通行量155.10万辆次，货车占比26.95%；京津冀地区日均货车通行量78.84万辆次，货车占比26.48%；粤港澳大湾区（广东）日均货车通行量为150.14万辆次，货车占比23.01%；成渝地区日均货车通行量为56.93万辆次，货车占比18.74%。具体如图1-18所示。

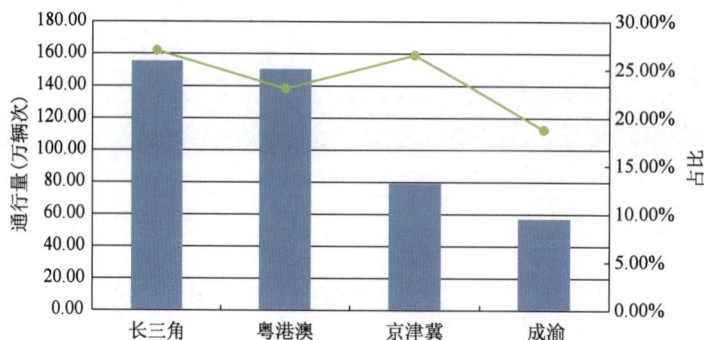

图1-18 2021年全国高速公路典型区域货车通行量分布情况

3. 广东、浙江、河北货车通行量较多，天津、湖北、河北货车跨省通行占比较高

2021年，高速公路货车通行量排名前五的依次为：广东150.14万辆次、浙江65.32万辆次、河北46.78万辆次、江苏42.23万辆次、山东41.91万辆次；高速公路货车跨省通行占比排名前五的依次为：天津22.92%、湖北12.15%、河北10.14%、河南9.88%、江西9.26%。具体如图1-19所示。

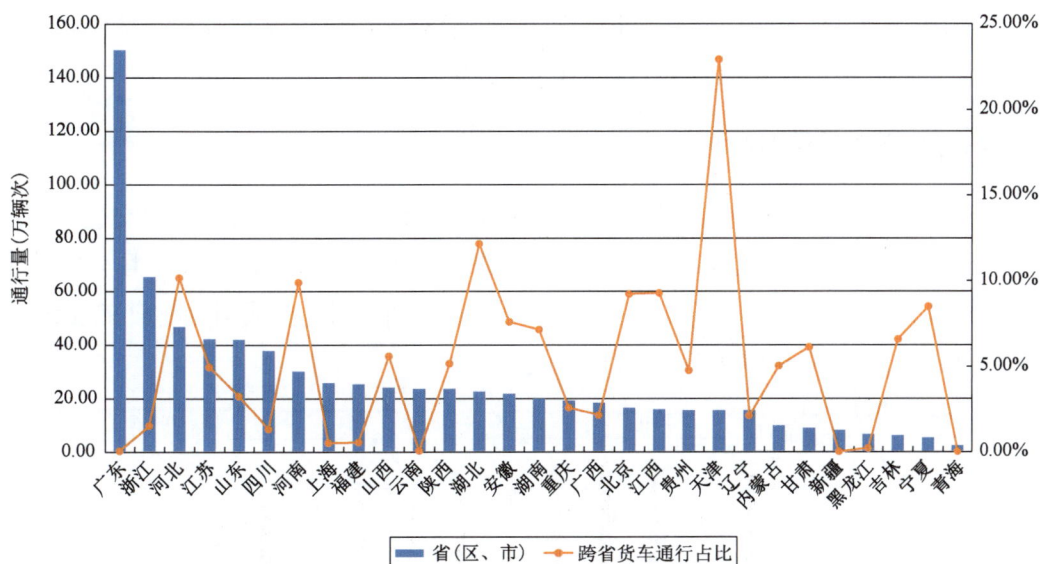

图1-19 2021年高速公路货车通行量及货车跨省通行占比情况

三、全国干线公路网断面交通流量情况

根据全国交通情况调查系统统计数据,2021年全国干线公路年平均日交通量❶为15437pcu/日,同比❷2020年增长3.9%。2017—2021年全国干线公路网交通量变化趋势如图1-20所示。

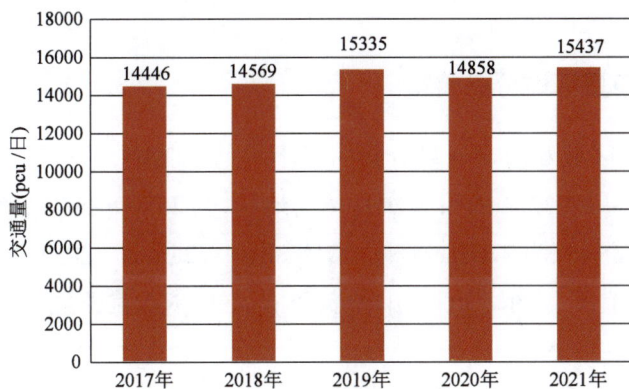

图1-20 2017—2021年全国干线公路网平均日交通量变化趋势

---

❶ 交通量:单位时间内通过公路某断面的车辆数。年平均日交通量,即一年的交通量除以一年的总日数。年平均日交通量反映了公路网总体交通量大小情况。pcu/日为交通量的单位,表示所调查的各类车型折算成标准车(小客车)后的流量合计值。

❷ 同比:为统一口径进行对比分析,有关公路交通流量数据的同期比较均按可比口径计算。

2021年，全国高速公路年平均日交通量为25384pcu/日，年平均日行驶量为175799万车公里，同比2020年分别下降5.5%、增长0.2%。

（一）断面交通量时间分布特征

全国干线公路网交通量月度变化特征明显：2021年1月干线公路断面交通量有所下降，2月达到低谷，3月反弹回升，从4月开始断面交通量保持高位运行，6月至10月保持稳定；11月后逐月回落。高速公路交通量在4月达到峰值。普通国道断面交通量在5月达到高峰。具体变化情况如图1-21所示。

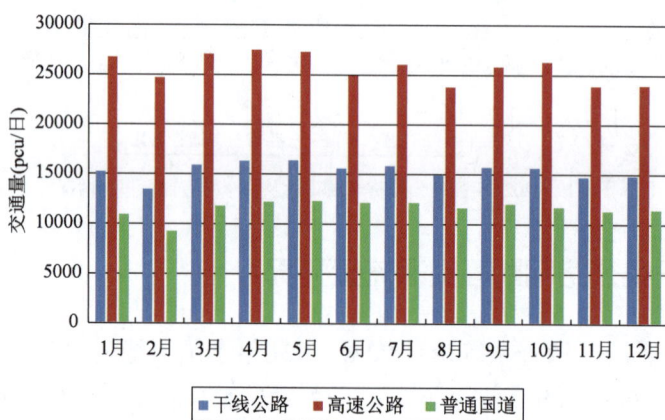

图1-21　全国干线公路网2021年月度交通量变化情况

（二）断面交通量区域分布特征

全国干线公路区域断面交通量分布明显不均匀。其中，华东地区干线公路网年平均日交通量最大，为27032pcu/日；其次是华南地区，为25809pcu/日；年平均日交通量最小的区域是西南地区，仅为7767pcu/日。具体如图1-22所示。2021年，全国年平均日交通量前5位依次是上海、广东、浙江、山东、江苏；后5位依次是西藏、青海、贵州、黑龙江、内蒙古。

从干线公路交通承载分布情况看，路网密集的华东地区承担的行驶量占全国总量的27.9%，其次是华中地区，占全国总量的18.3%，东北地区承担的行驶量占比最小，为5.3%。

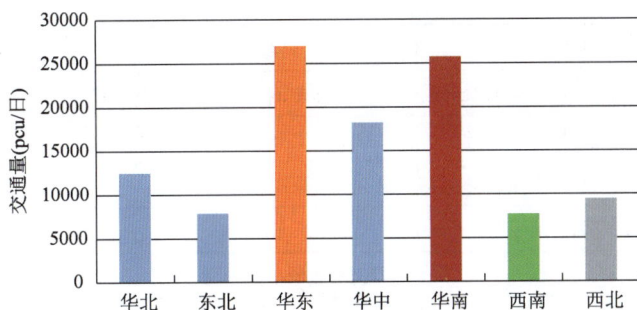

图1-22　2021年全国干线公路网区域交通量分布情况

(三)断面交通量路段分布特征

年平均日交通量较大的路段是沪昆高速公路(G60)上海段、京沪高速公路(G2)上海段、江苏段和北京段、沪蓉高速公路(G42)江苏段、沈海高速公路(G15)上海段、沪陕高速公路(G40)上海段等,重点城市群联络线及地区环线中,年平均日交通量较大的路线是成都绕城高速公路(G4202)、杭州绕城高速公路(G2504)、上海绕城高速公路(G1503)、杭州湾环线高速公路(G92)、广澳高速公路(G0425)等;年平均日交通量较小的国道路段主要分布在边疆地区的普通国道,如肃北线(G571)甘肃段、红吉线(G216)西藏段等。具体如表1-1所示。

全国干线公路网年平均日交通量情况　　　　　　　　　　　　　　表1-1

序号	通道	路段	交通量(pcu/日)
年平均日交通量较大的高速公路			
1	G60沪昆高速公路	上海段	138010
2	G2京沪高速公路	上海段	117706
3	G42沪蓉高速公路	江苏段	113341
4	G15沈海高速公路	上海段	108623
5	G2京沪高速公路	江苏段	97685
6	G2京沪高速公路	北京段	95913
7	G40沪陕高速公路	上海段	89922
年平均日交通量较大的重点城市群联络线及地区环线			
1	G4202成都绕城高速公路	四川段	168349
2	G2504杭州绕城高速公路	浙江段	108020

续上表

序号	通道	路段	交通量（pcu/日）
年平均日交通量较大的重点城市群联络线及地区环线			
3	G1503 上海绕城高速公路	上海段	104346
4	G92 杭州湾环线高速公路	浙江段	96615
5	G0425 广澳高速公路	广东段	96609
年平均日交通量较小的国道			
1	G216	西藏段	425
2	G571	甘肃段	155

第二章 全国公路网拥堵缓行情况分析

一、全国干线公路网拥堵缓行总体情况

2021年全国干线公路网平均拥挤度❶为20.7%,同比2020年增长1.4个百分点。其中,高速公路网拥挤度为15.2%,比2020年下降1.5个百分点,其中"严重拥堵"状态的里程比例为10.6%,同比2020年下降1.0个百分点;普通国省道网拥挤度为21.8%,同比2020年增长2.0个百分点,其中"严重拥堵"状态里程比例为15.9%,同比2020年增长2.0个百分点。具体如图2-1所示。

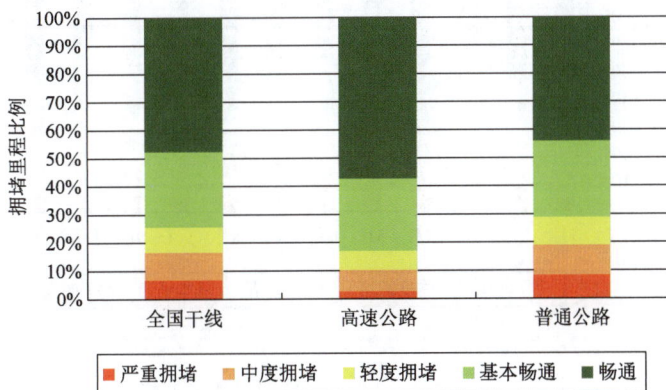

图2-1 2021年全国干线公路网不同等级路网拥挤度情况

(一)干线公路网拥堵时间分布特征

从时间分布看,全国干线公路网月均拥堵程度大部分处于"基本畅通"和"轻度拥堵"的状态。1月、2月受季节性交通量大幅下降等因素影响,拥挤程度明显低于月均水平,3月、4月交通量大幅回升,拥挤程度也逐步提升;5月至9月,出行需求相对旺盛,拥

---

❶ 本报告中,路网拥挤度划分标准为:<11%畅通,[11%,19%)基本畅通,[19%,28%)轻度拥堵,[28%,36%)中度拥堵,≥36%严重拥堵。

堵程度略高,11月后受季节性交通量下降影响,拥挤度下降。2021年全国干线公路网月平均拥挤度情况如图2-2所示,月度拥堵里程比例如图2-3所示。

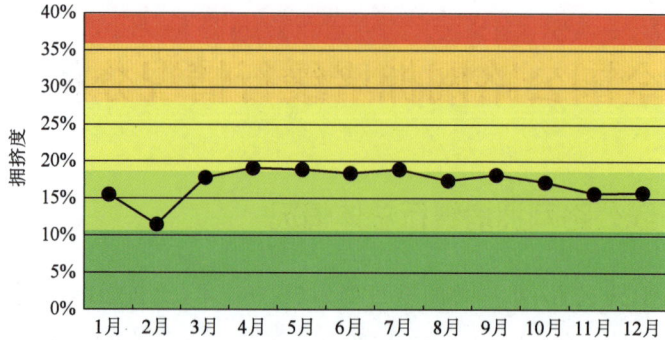

图2-2　2021年全国干线公路网月平均拥挤度情况

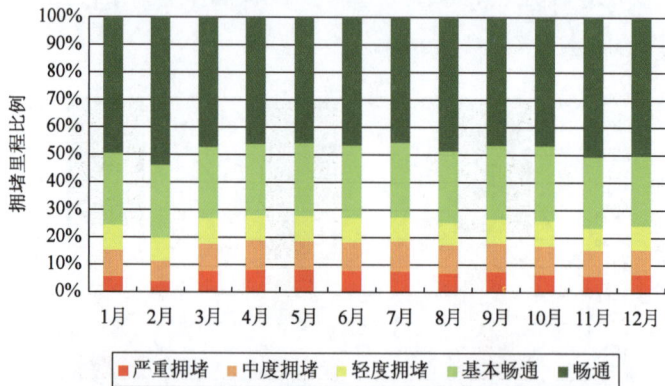

图2-3　2021年全国干线公路网月度拥堵里程比例

(二)干线公路网拥堵空间分布特征

2021年,全国干线公路网区域间拥堵程度差异较大,总体分布与交通量分布特征基本趋同,与路网密度、交通组成等也有一定关系。华南地区路网拥挤度明显高于其他地区,达到31.8%;东北、西南、西北地区路网较为畅通,拥挤度分别为10.4%、8.0%和6.5%。具体如图2-4所示。

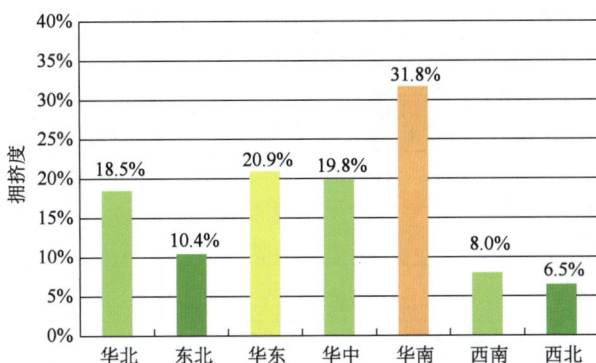

图2-4 2021年干线公路网区域年平均拥挤度

与2020年相比,华南、华北、东北地区路网拥堵情况有所加剧,其他地区拥堵情况变化不明显。近三年,华南地区的拥挤度始终处于全国高位;华东、西南、西北地区拥挤度有所下降,华北、东北地区基本持平,华中地区有所上升。具体如图2-5所示。

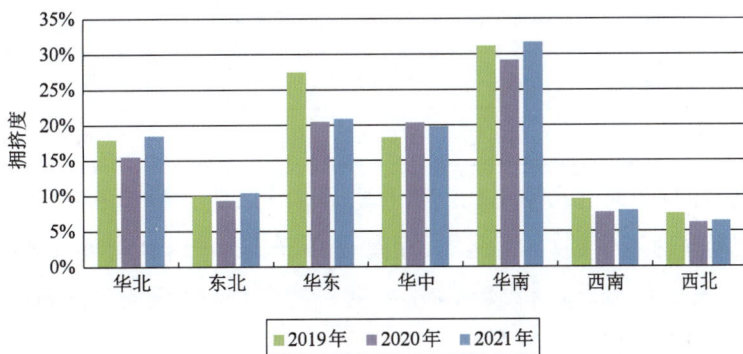

图2-5 2019—2021年各区域路网年平均拥挤度变化

二、公路运输通道畅通情况

2021年,重点监测的6条主要高速公路运输通道中,京港澳高速公路拥挤度最高,达到严重拥堵水平,京哈、京沪、长深、连霍、沪蓉等高速公路拥挤度处于基本畅通水平。其中,京沪、京港澳、连霍通道中普通公路拥挤度为中度拥堵水平,长深、沪蓉、京哈通道中普通公路处于轻度拥堵水平。2017—2021年6条主要运输通道畅通情况如表2-1所示。

2017—2021年6条主要运输通道畅通情况汇总表　　　　表2-1

通道		拥挤度				
		2017年	2018年	2019年	2020年	2021年
京哈通道	高速公路	0.63	0.59	0.75	0.79	0.60
	普通公路	0.84	0.79	0.78	0.70	0.83
京沪通道	高速公路	0.96	1.01	0.99	0.71	0.75
	普通公路	0.98	0.95	1.11	0.89	0.95
京港澳通道	高速公路	0.84	0.81	0.86	0.93	1.02
	普通公路	0.67	1.09	0.93	0.89	0.96
长深通道	高速公路	0.56	0.54	0.58	0.49	0.43
	普通公路	0.93	0.93	0.94	0.85	0.87
连霍通道	高速公路	0.36	0.38	0.37	0.39	0.46
	普通公路	0.70	0.70	0.66	0.60	1.06
沪蓉通道	高速公路	0.65	0.63	0.65	0.66	0.63
	普通公路	0.64	0.64	0.65	0.76	0.75

　　京哈通道中的G1河北段和G102河北段、天津段，京沪通道中的G2北京段、江苏段、上海段，京港澳通道中的G4河北段、湖南段、广东段，沪蓉通道的G312上海段，达到严重拥堵水平，其中部分路段持续已4年以上。特别是京哈通道的G102河北段、京沪通道的G2北京段拥堵情况最为严重。

　　6条主要通道运行状况评价结果详见附录B。

三、全国高速公路拥堵路段情况

　　2021年，全国高速公路日均拥堵缓行1000米以上的路段数量为2265个，同比2020年日均数量减少23个，同比下降1.01%。从月度分布来看，2月春节假期受疫情影响，各地多倡导就地过年，拥堵路段数量明显下降，为全年最低，日均数量1544个；10月受国庆长假集中出行影响，路段出现车多缓行情况较为突出，拥堵路段日均数量为全年最高，达2894个。具体如图2-6所示。

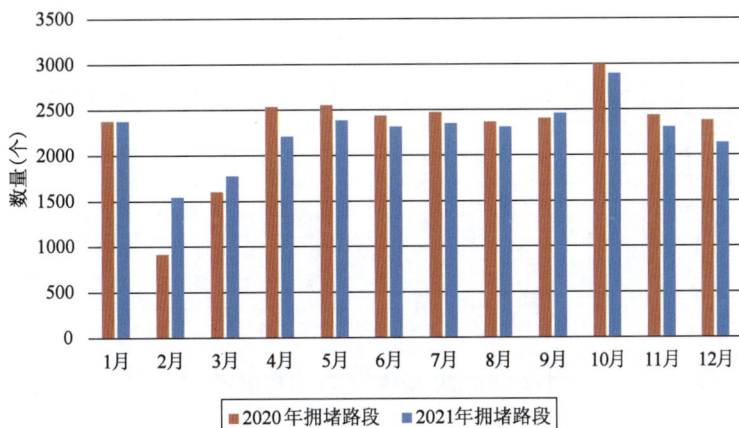

图 2-6 2021年拥堵路段数量月度变化情况

2021年,拥堵路段发生频次与数量较多的是:G1京哈高速公路葫芦岛段,G4京港澳高速公路北京段、深圳段,G15沈海高速公路苏州段、深圳段,G18荣乌高速公路沧州段,G36宁洛高速公路滁州段,G40沪陕高速公路南京段,G60沪昆高速公路上饶段等。

四、全国高速公路拥堵收费站情况

2021年,全国高速公路日均拥堵收费站为137个,同比2020年日均值减少107个,同比下降43.85%,疫情防控趋于常态化后,收费站通行受疫情管控影响减小,拥堵情况明显缓解。从月度分布来看,上半年日均拥堵收费站数量较少,7—9月由于暑期出行增多,日均拥堵收费站数量有所增长,其中9月日均拥堵收费站179个,为全年最高值;10—12月,由于国庆长假集中出行,以及冬季降雪天气造成道路封闭增多,日均拥堵收费站数量为150~170个。具体如图2-7所示。从周分布来看,拥堵收费站数量周一、周五多,周中及周末相对少的特征较为明显。

2021年,全国高速公路拥堵缓行常发收费站主要分布在长三角地区、粤港澳大湾区、成渝地区,以及成都、西安、宁波等大中城市周边收费站,同时河北、天津、山西等地货车流量较高的收费站也常发拥堵,货车通行效率直接影响收费站拥堵是否常发。具体如表2-2所示。

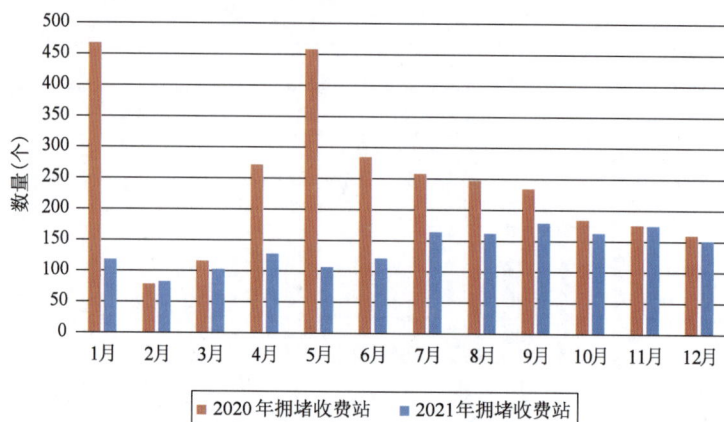

图 2-7 2021年各月拥堵收费站数量变化

全国高速公路拥堵缓行常发收费站   表 2-2

拥堵常发收费站名称	路线	所在城市
布龙收费站	S28 水官高速公路	广东省深圳市
江桥收费站	G2 京沪高速公路	上海市
开州收费站	G5012 万开高速公路	重庆市
成龙收费站	G4202 成都绕城高速公路	四川省成都市
北仑收费站	S1 甬台温高速公路	浙江省宁波市
灞桥收费站	S3011 绕城高速联络线	陕西省西安市
海丰收费站	G0111 秦滨高速公路	河北省沧州市
南京长江第二大桥收费站	G36 宁洛高速公路	江苏省南京市
永定新河收费站	G0111 秦滨高速公路	天津市
长治东收费站	S76 平长高速公路	山西省长治市

第三章
全国公路网阻断事件情况分析

一、全国干线公路网阻断事件总体情况

2021年,全国31个省(区、市)累计报送各类交通阻断事件共计15.33万起,其中,涉及高速公路的11.14万起,约占72.66%;造成公路交通中断❶的2.34万起,约占15.29%;造成公路交通阻塞❷的12.99万起,约占84.71%。上述阻断事件累计造成公路阻断里程约227.44万公里,累计阻断持续时间约907.60万小时。

2021年,公路阻断事件覆盖率❸和阻断事件重复系数❹有所降低,说明阻断事件空间分布范围得到有效控制,但阻断事件空间分布还是相对集中。具体如图3-1所示。

图3-1　2012年—2021年阻断事件影响范围分析

---

❶ 公路交通中断:公路处于无法通行或被迫封闭的状态;行驶在公路上的车辆因某种原因处于滞留状态。

❷ 公路交通阻塞:公路网受到影响但未达到交通中断的状态;行驶在公路上的车辆因某种原因处于低速行驶状态。

❸ 阻断事件覆盖率:某一区域内路网阻断里程与路网总里程的比值。覆盖率反映了公路阻断事件覆盖范围的大小,比值越大说明事件影响覆盖范围越广。

❹ 阻断事件重复系数:某一区域内路网累计阻断里程与公路网总里程的比值。重复系数反映了公路阻断事件重复发生的频率,比值越大说明某路段或区域发生阻断事件越多。

(一)公路阻断事件时间分布特征

从阻断事件时间分布看,由于2021年全年除3月、4月、6月的阻断事件较少,其他月份阻断事件均超过1.3万起,其中9—12月受雨雪冰冻天气的影响,阻断事件相对频发,月阻断事件数在1.5万起左右。具体如图3-2所示。

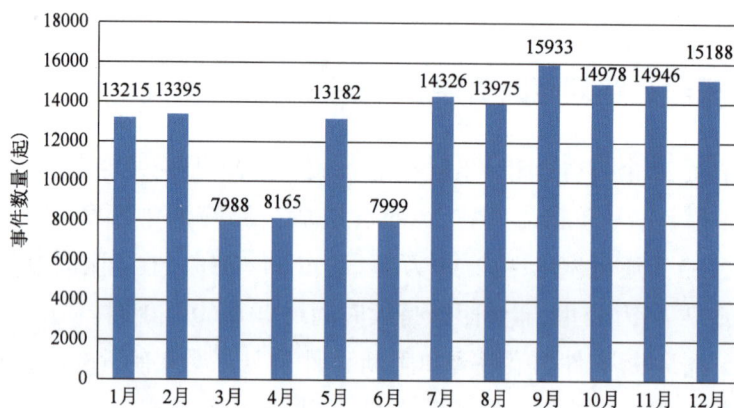

图3-2 2021年公路交通阻断事件月度分布情况

(二)公路阻断事件区域分布特征

2021年,西南地区上报阻断事件最多,达68416起,占全国阻断总数的44.63%,相应造成的累计阻断里程仅占全国阻断里程的7.58%,阻断持续时间占全国的17.31%,说明西南地区虽然阻断事件较多,但事件对路网运行造成影响程度较小。东北、华南、西北地区上报阻断事件较少,分别为3049起、6348起、8531起,占全国阻断总数的1.99%、4.14%、5.56%。西北地区阻断持续时间较长,占全国阻断持续时间的16.07%,累计阻断里程占全国的11.79%,说明西北地区阻断事件对路网运行的影响程度较为严重。

华北、华东地区阻断事件数量相对处于中等严重程度。其中,华北地区的累计阻断里程全国最长,达72.49万公里,说明华北地区阻断事件造成的路网影响范围最大。华东地区阻断持续时间最长,达193.78万小时,说明华东地区阻断事件造成的影响程度较高。各区域公路交通阻断事件数量、累计阻断里程、累计阻断持续时间分布情况,分别如图3-3、图3-4和图3-5所示。

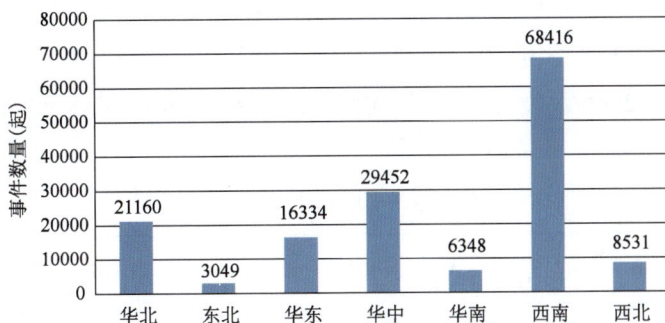

图3-3 2021年公路交通阻断事件数量区域分布情况

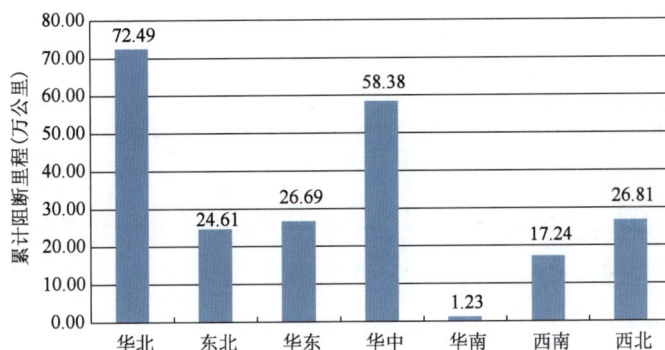

图3-4 2021年公路交通累计阻断里程区域分布情况

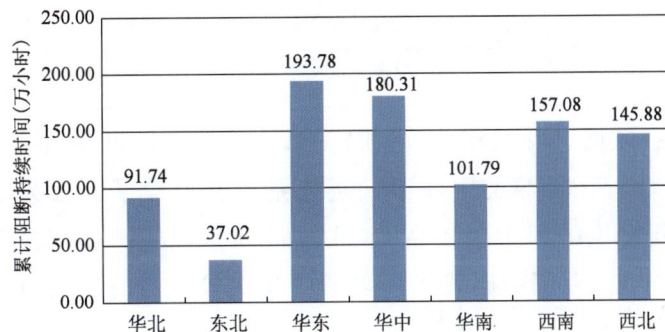

图3-5 2021年公路累计阻断持续时间区域分布情况

(三)公路阻断事件省域分布特征

从阻断事件省域分布情况看,2021年全国阻断事件数量超过3000起的省(区、市)

有10个,全国阻断里程超过6万公里的省(区、市)有12个,全国阻断持续时间超过30万小时的省(区、市)有12个。其中,重庆报送阻断事件最多,为35447起;山西报送的累计阻断里程最多,为32.68万公里;河南报送的阻断持续时间最长,为90.63万小时。具体情况见表3-1。

公路阻断事件省域分布情况   表3-1

序号	阻断事件总数超过3000起的省(市)	累计阻断里程超过6万公里的省(区、市)	累计阻断持续时间超过30万小时的省(区、市)
1	重庆/35447起	山西/32.68万公里	河南/90.63万小时
2	四川/26654起	河南/32.20万公里	安徽/90.48万小时
3	湖南/19098起	河北/30.34万公里	湖南/85.59万小时
4	山西/9112起	黑龙江/21.59万公里	陕西/81.09万小时
5	河南/8616起	湖南/19.67万公里	广东/68.17万小时
6	河北/7269起	新疆/13.64万公里	江苏/65.51万小时
7	云南/5992起	重庆11.55万公里	重庆/58.47万小时
8	广东/5667起	江苏/10.36万公里	四川/52.20万小时
9	陕西/3880起	陕西/8.39万公里	云南/40.21万小时
10	北京/3282起	山东/7.04万公里	山西/37.27万小时
11	—	江西/6.66万公里	广西/33.38万小时
12	—	湖北/6.52万公里	甘肃/30.79万小时

2021年,河南、陕西、湖南、江苏、山西、安徽的公路网阻断事件严重度❶较高,具体情况见表3-2。山西、天津的阻断事件重复系数和覆盖率都较为突出,说明阻断空间分布广,阻断发生的频次也较高;河北、河南的重复系数较高,而覆盖率较低,说明阻断空间分布集中,同一路段发生阻断的频次较高;江西、吉林、北京的重复系数较低,而覆盖率较高,说明阻断空间分布广,阻断路段重复率较低。具体情况见表3-3。

---

❶ 阻断事件严重度:区域路网中路段的阻断里程(单位:公里)与阻断时间(单位:天)乘积之和。阻断事件严重度是反映公路网阻断事件严重程度及造成损失的指标,数值越大说明严重程度和损失越高。

公路阻断事件省域严重程度分布情况 表3-2

序号	省(区)	阻断事件严重度(万公里·天)	严重程度
1	河南	168.57	非常高
2	陕西	75.88	较高
3	湖南	71.56	较高
4	江苏	51.43	较高
5	山西	41.94	较高
6	安徽	39.70	较高
7	新疆	35.86	较高
8	黑龙江	34.36	较高
9	四川	32.73	较高
10	甘肃	30.08	较高

阻断事件重复系数、覆盖率省域分布情况 表3-3

序号	省(区、市)	总里程(公里)	累计阻断里程(公里)	阻断覆盖里程(公里)	重复系数	覆盖率
1	北京	5218	14231	1919	2.22	0.37
2	天津	5401	41497	1743	13.93	0.32
3	河北	36367	303410	6485	15.10	0.18
4	山西	24073	326762	7390	15.27	0.31
5	内蒙古	46949	38957	6871	0.81	0.15
6	辽宁	25477	24197	4880	0.40	0.19
7	吉林	20114	5967	2986	2.31	0.15
8	黑龙江	32413	215942	4878	5.46	0.15
9	上海	2724	2259	481	0.21	0.18
10	江苏	22815	103855	6006	4.54	0.26
11	浙江	18456	1620	1115	0.22	0.06
12	安徽	33498	17127	5950	0.44	0.18
13	福建	22675	5087	2208	0.06	0.10
14	江西	31232	66589	6720	1.71	0.22
15	山东	34731	70364	4881	1.42	0.14
16	河南	45307	321993	12297	7.34	0.27
17	湖北	42050	65160	5731	1.15	0.14

续上表

序号	省(区、市)	总里程(公里)	累计阻断里程(公里)	阻断覆盖里程(公里)	重复系数	覆盖率
18	湖南	45365	196683	7090	2.50	0.16
19	广东	50386	9126	4069	0.31	0.08
20	广西	34411	3120	1697	0.16	0.05
21	海南	6093	33	32.864	0.03	0.01
22	重庆	22831	115450	3909	4.14	0.17
23	四川	55971	18240	8540	0.45	0.15
24	贵州	42181	6037	3151	0.06	0.07
25	云南	47083	32658	8514	0.36	0.18
26	西藏	—	—	—	—	—
27	陕西	33047	83863	10145	2.04	0.31
28	甘肃	36935	27487	6098	0.95	0.17
29	青海	25304	17528	4142	0.40	0.16
30	宁夏	9082	2804	1175	0.17	0.13
31	新疆	43734	136373	11557	1.57	0.26

二、公路阻断事件成因类型

2021年,突发性原因(地质灾害、事故灾害、恶劣天气等)造成的阻断事件共11.61万起,占阻断事件总数的75.71%;计划性原因(公路施工养护、重大社会活动等)造成的阻断事件共3.72万起,占阻断事件总数的24.29%。具体如图3-6所示。

图3-6　2015—2021年阻断事件成因历年变化趋势

公路交通中断事件中,38.42%是由恶劣天气引起的,27.93%是由车辆交通事故引起的,20.63%是由车流量大、执法、抢修作业等原因造成的,6.46%由地质灾害引起的,6.09%由公路施工养护引起的,0.24%由防疫检查引起的。造成公路交通阻塞的为12.99万起,其中35.04%是由车流量大、执法、抢修作业等造成的,20.97%由恶劣天气引起,22.84%由事故灾害引起的,20.02%由公路施工养护引起,0.28%由防疫检查引起。具体如图3-7所示。

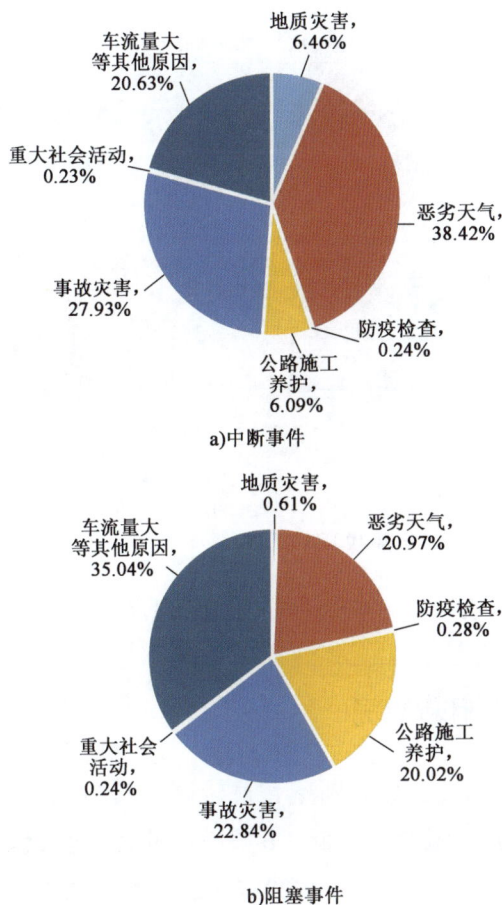

a)中断事件

b)阻塞事件

图3-7　2021年交通中断和交通阻塞事件主要成因分析

近七年来,公路阻断事件成因变化趋势与原因比例情况基本趋同。相比2020年,2021年阻断事件中地质灾害增加17起,恶劣天气增加7093起,事故灾害增加3986起,公路施工养护减少641起。

此外,由车辆交通事故引起的阻断事件占18.61%,由公路施工养护引起的阻断事件占 17.30%，由车流量大引起的阻断事件占 12.56%，由于大雾、雾霾引起的阻断事件占 10.15%，由降雨（积水）引起的阻断事件占 9.05%，由车辆故障引起的阻断事件占 4.69%，由桥隧施工引起的阻断事件占 4.26%，七个因素引发的阻断事件之和占所有阻断事件的 76.61%。具体如图 3-8 所示。

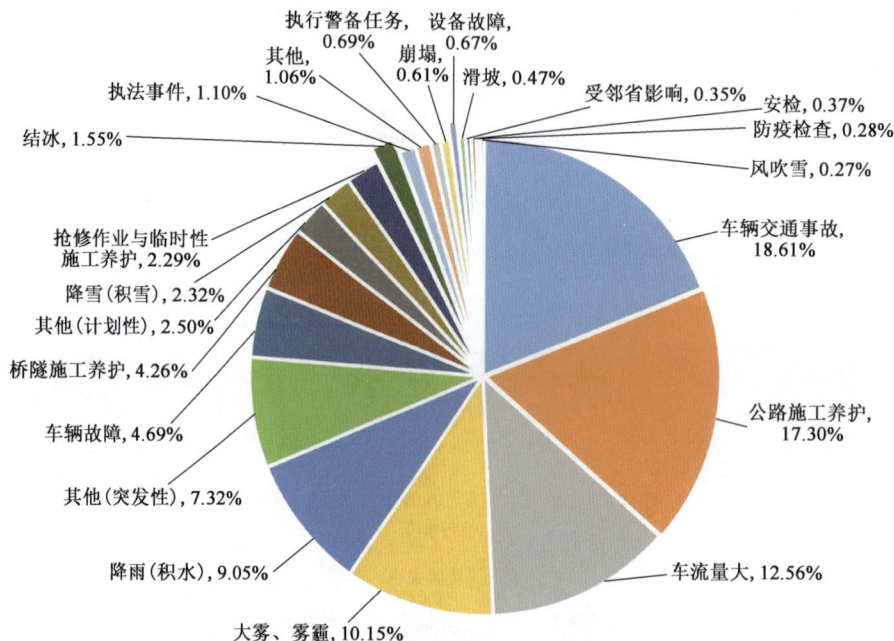

图 3-8　2021 年公路阻断事件主要成因分布

三、公路运输通道阻断情况

2021 年，6 条通道的高速公路阻断率普遍较高。其中，京沪高速公路阻断率最高，且增长最快；长深高速公路阻断率最低。6 条通道的普通公路阻断率普遍低于高速公路，京港澳通道普通公路阻断率最低。2017—2021 年 6 条主要运输通道阻断情况如表 3-4 所示。

2017—2021 年 6 条运输通道阻断情况汇总表　　　　　表 3-4

通道		阻断率				
		2017年	2018年	2019年	2020年	2021年
京哈通道	高速公路	1.42	2.98	5.08	11.61	3.64
	普通公路	0.02	1.39	0.28	0.49	5.24

续上表

通道		阻断率				
		2017年	2018年	2019年	2020年	2021年
京沪通道	高速公路	1.09	4.34	10.59	32.84	61.31
	普通公路	0.02	0.94	1.11	4.78	0.73
京港澳通道	高速公路	1.28	7.97	16.24	37.12	32.09
	普通公路	0.00	0.25	0.60	2.05	0.20
长深通道	高速公路	0.46	2.27	7.25	5.04	1.52
	普通公路	0.01	0.32	0.06	0.53	1.29
连霍通道	高速公路	7.41	11.81	25.47	34.22	20.51
	普通公路	5.56	4.97	5.15	4.03	1.58
沪蓉通道	高速公路	2.30	4.55	19.01	12.10	7.79
	普通公路	0.07	0.86	0.15	16.56	1.43

第四章
全国公路网基础设施技术状况分析

2021年度国家公路网技术状况监测包括31个省（区、市）和5个计划单列市的养护管理情况评价，1万公里路面、64座重点桥梁、33座重点隧道及2500公里沿线设施。

全国31个省（区、市）国家公路网技术状况监测评价平均得分为90.19，大部分省（区、市）集中在90～94分之间。总体上看，国家公路网处于良好的技术状态。

一、养护管理检查结果及特征

全国31个省（区、市）和5个计划单列市的交通运输主管部门养护管理检查平均得分为85.95。公路技术状况评定实现了国家公路网全覆盖，全国基本建立了养护工程项目库的管理办法或制度并实施动态管理；养护资金投入、危旧桥改造、《交通运输部关于进一步提升桥梁安全耐久水平的意见》（交公路发〔2020〕127号）落实情况得分率分别为88.9%、85.9%、85.9%；科学决策应用、养护工程计划及计划执行情况得分率偏低，分别为82.7%、73.6%、80.5%。江苏、上海、宁波养护科学决策应用水平较高，养护管理检查结果较好。总体看，计划单列市在各方面执行情况较好，平均分达到93.74。

二、路网技术状况监测结果及特征

（一）干线公路路面技术状况

2021年度全国31个省（区、市）和5个计划单列市共计1万公里干线公路路况抽检数据，全国干线公路总体路况达到优等水平，路面技术状况指数（PQI）平均值为92.37，优良路率为96.06%，次差路率为0.90%。干线公路中东部路况水平优于西部。中、东、西部干线公路PQI均值分别为93.79、93.34和91.03，均评价为优等。具体如图4-1所示。

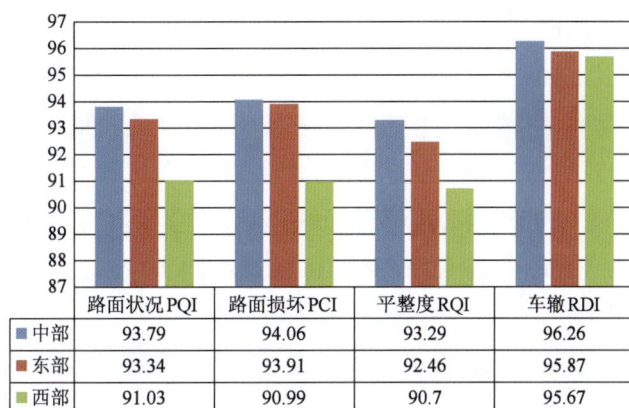

	路面状况 PQI	路面损坏 PCI	平整度 RQI	车辙 RDI
中部	93.79	94.06	93.29	96.26
东部	93.34	93.91	92.46	95.87
西部	91.03	90.99	90.7	95.67

图 4-1　2021 年干线公路路况指标示意图

(二)国家高速公路路面技术状况

国家高速公路总体路况水平达到优等水平,PQI 平均值为 94.47,优等路率为 89.02%,次差路率为 0.09%。国家高速公路总体路况达到交通运输部《"十三五"公路养护管理发展纲要》中"高速公路路面技术状况指数(PQI)大于 92"的要求。

从区域分布情况看,东、中、西部地区路况等级均为优等。中部地区路况最好,西部地区路况最差。中部地区的路况较东、西部地区的 PQI 均值分别高出 0.19 和 1.95。具体如图 4-2 所示。

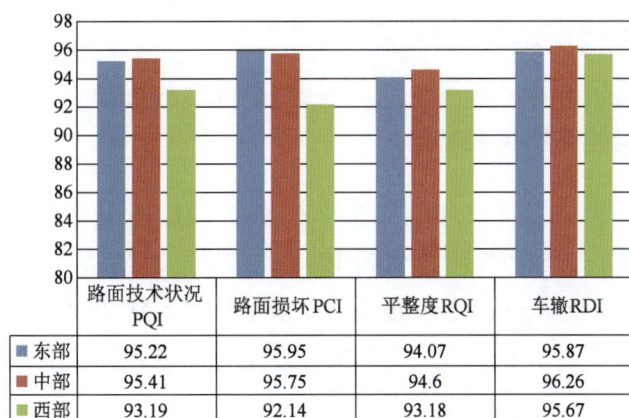

	路面技术状况 PQI	路面损坏 PCI	平整度 RQI	车辙 RDI
东部	95.22	95.95	94.07	95.87
中部	95.41	95.75	94.6	96.26
西部	93.19	92.14	93.18	95.67

图 4-2　2021 年国家高速公路路况指标示意图

(三)普通国道路面技术状况

普通国道总体路况达到优等水平,PQI 平均值为 91.48,优良路率为 94.65%,次差路率为 1.24%。总体路况达到交通运输部《"十三五"公路养护管理发展纲要》中"普通国省道 PQI 达到 80 以上"的要求。

从区域分布情况看,中部地区普通国道路况水平优于东、西部。东、中、西部普通国道 PQI 均值分别为 92.24、93.04 和 90.32,均评价为优等,达到交通运输部《"十三五"公路养护管理发展纲要》中"东、中、西部普通国道 PQI 分别达到 82、80、78 以上"的要求。分项指标中,路面损坏 PCI 指标和平整度 RQI 指标,均为中部最优,东部次之,西部略低。具体如图 4-3 所示。

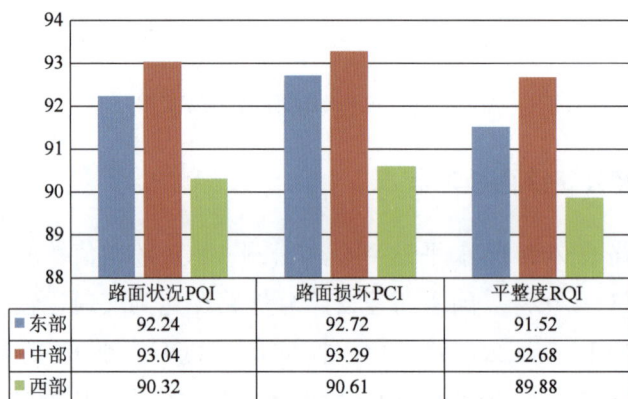

	路面状况PQI	路面损坏PCI	平整度RQI
东部	92.24	92.72	91.52
中部	93.04	93.29	92.68
西部	90.32	90.61	89.88

图 4-3　2021 年普通国道路况指标示意图

三、重点桥隧检测结果与特征

（一）重点桥梁检测结果及特征

监测的 64 座桥梁中,梁桥 53 座、拱桥 4 座、斜拉桥 6 座,悬索桥 1 座,技术状况总体情况较好。末次评定 2 类桥 52 座,3 类桥 12 座;复核桥梁评级 2 类桥 52 座,3 类桥 7 座,不进行末次技术状况复核 5 座(维修处治后尚未进行技术状况评定,维修处治后的总体状况良好),其余 59 座桥梁最近一次定期检查评定结果能够反映结构技术状态,复核评定正确。

从技术状况复核结果来看,总体平均分为 82.99 分,有 30 座桥梁评分在平均分以上,占全部监测桥梁的 46.88%。排名靠前的桥梁中,缆索体系桥梁和运营时间短、常规的梁式桥结构形式占据很大比例。总体来看,桥梁技术状况及安全运营状况情况较好。定期检查的质量、时效性和维修效果、运营期重大风险事件防控评价是得分较低的三大项内容。

从养管单位规范化评分来看,总体平均分为93.33,有40个桥梁管养单位规范化评分在平均分以上,占全部监测桥梁的62.5%。技术状况可靠性、维修及时性、维修效果、永久观测点、检查通道及安全区管理等6项指标落实情况良好;责任划分、例行检查、分类处置等3个方面存在欠缺;养护工程师制度落实情况逐步向好,但桥梁养护工程师责权不对等问题仍较为突出;重大风险事件防控能力较为薄弱。江苏润扬大桥、山东滨州黄河大桥在桥梁"四新"技术应用方面成绩突出,黑龙江、青海、湖北、云南等4个省份有明显进步。

(二)重点隧道检测结果及特征

监测的33座隧道中,国家高速公路30座,普通国道3座,综合评价平均分为85.04。其中,有18座隧道评分在平均分以上,占全部监测隧道的58.06%。监测结果较上一轮平均分84.45提高了0.59分,东、中、西部地区得分分别为88.01、87.16、80.90,东、中部明显好于西部。

从技术状况复核结果来看,总体平均分为83.90分,有16座隧道评分在平均分以上,占全部监测隧道的51.61%。总体来看,隧道土建技术状况评定及养护维修情况较好,机电设施末次定检报告可靠性及其他工程设施技术状况评定工作较为薄弱,其中监控与通信设施、消防设施问题突出,此外运营期风险防控体系建设较为薄弱。

从养管单位规范化评分来看,总体平均分为86.74分,有19个隧道管养单位规范化评分在平均分以上,占全部监测隧道的61.29%。全国均建立了隧道管养工作制度,设立了专项应急与安全运行资金,在积极推进专业化养护管理,维持隧道结构安全和设施设备功能完备方面完成情况较好;在通行安全管理、基础管理与养护技术、信息公开、检查与评定等4个方面存在欠缺;其中在应急管理、联动协调、风险防控等3方面有待进一步加强。山东黄家峪隧道、广东靠椅山隧道在隧道"四新"技术应用及隧道安全运营管理方面成绩突出,吉林、广西、江苏、上海等4个省(区、市)有明显进步。

四、公路交通安全设施分析评估

结合路况检测从全国31个省(区、市)的普通国道内抽取2500公里普通国道进行交通安全设施风险评估工作,以及随机抽取了辽宁、吉林、河北、山西、内蒙古5省(区)共100公里国家公路网沿线进行设施进行现场检测。结果显示,沿线设施技术状况指数

(TCI)为95.76,全国沿线设施技术状况总体评定等级为优。路侧防护率左侧为99.65%,右侧为99.53%,标志完好率为93.76%,标线完好率为97.33%,防护设施完好率为99.94%。自动化检测整体技术状况较好,评价结果与往年比总体趋于不断升高。

第五章
全国公路网信息化设施状况分析

一、公路视频监测设施及云联网情况

（一）全国公路视频监测设施情况

截至2021年底，公路（含收费站、服务区等）视频监测设施规模已达到41.34万套。其中，高速公路39.09万套，数字高清化占比达93%以上，平均布设密度达1公里/套；普通公路2.25万套，平均布设密度为70公里/套。与2020年相比，部分省（区、市）高速公路视频监测设施数量有所增加，其中，广东增加4289套，山东增加2529套，湖南增加1909套，广西增加1234套，浙江增加1219套，山西增加953套，内蒙古增加815套，吉林增加792套，江西增加461套，辽宁增加418套，上海增加235套，天津增加19套。

总体看，视频监测设施布设密度差异仍较大。高速公路已实现全程视频监控的省（市）包括：北京（1760套）、天津（2833套）、上海（1487套）、江苏（5868套）、浙江（5964套）、山东（9646套）；布设密度在3公里/套以内的省份包括：安徽（4304套）、江西（6307套）、河南（6740套）、湖南（5743套）、广东（8496套）、四川（6845套）、贵州（5819套）、甘肃（4031套）。

普通国省干线中，江苏（3669套）布设密度在10公里/套以内；上海（320套）、北京（595套）布设密度在15公里/套以内；江西（2112套）、浙江（981套）、福建（1152套）布设密度约为30公里/套；广东（1820套）布设密度约为50公里/套。部分地区视频监测设施布设情况如图5-1所示。

（二）高速公路视频云联网情况

截至2021年底，全国累计完成16.6万路视频上云（部平台），接入率为87%，在线率为77%。全国除西藏、海南外已有29个省（区、市）实现了部省视频对接，其中北京、天津、内蒙古、辽宁、吉林、黑龙江、上海、江苏、浙江、福建、江西、山东、河南、湖北、湖南、广东、广西、重庆、四川、贵州、云南、陕西、甘肃、青海、宁夏、新疆等26个省(区、市)实现部省云平台对接;河北、山西、安徽3个省份采取路段上云的方式。

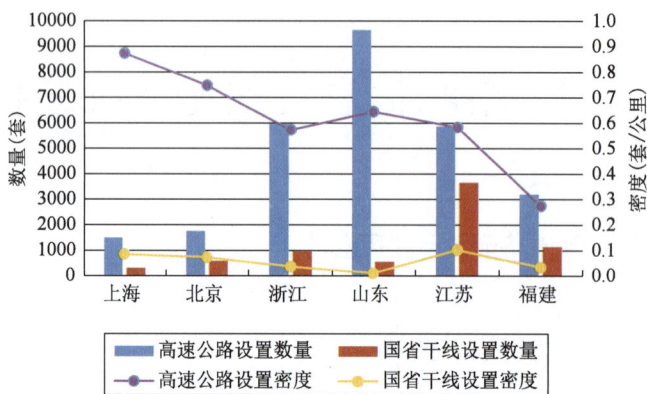

图5-1 部分地区视频监测设施布设数量和布设密度情况

二、公路交通量监测设施情况

截至2021年底,高速公路交通量监测设施总规模约1.92万套,平均布设密度约18公里/套[部分省(区、市)由于车检器设备完好率低,设备更新维护费用高,数据难以很好利用,目前交通量监测主要采用交调数据和ETC门架数据];普通国省干线公路交通量监测设施总规模约1.16万余套。与2020年相比,部分省(区、市)交通量监测设施数量有所增加,其中,北京增加108套,天津增加11套,内蒙古增加53套,江西增加171套,山东增加139套,广东增加579套。

总体看,公路交通量监测设施规模与密度差异化仍较大。高速公路中,上海平均布设密度最高,约为1.5公里/套;北京的平均布设密度约为2公里/套;浙江、福建、贵州为5~10公里/套;天津、辽宁、安徽、山东、河南、海南、重庆、四川、云南为10~20公里/套,其余省(区、市)均为20公里/套以上。普通国省干线公路中,上海平均布设密度最高,约为10公里/套;北京约为15公里/套;江苏约为20公里/套;天津约为30公里/套,其余省(区、市)在50公里/套以上。部分地区交通量监测设施情况如图5-2所示。

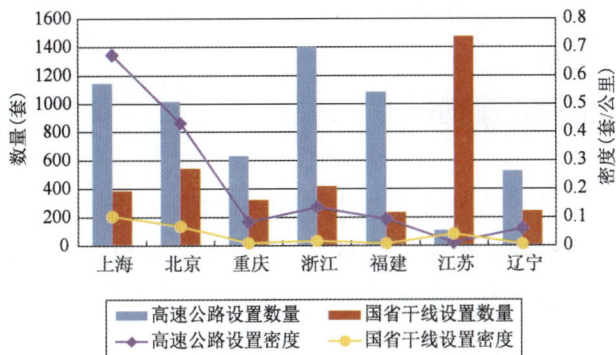

图5-2 部分地区交通量监测设施布设数量和布设密度情况

三、公路气象监测设施情况

公路交通气象监测设施按照观测内容的不同,分为单要素(如能见度、路面、气象环境)和多要素(观测两项以上)自动气象观测站两类。2021年,全国各类公路气象监测设施总规模为4728套,其中高速公路气象监测设施总规模约4601套,普通公路气象监测设施总规模127套。与2020年相比,部分省(区、市)高速公路沿线气象监测设施数量有所增加。其中,云南增加497套,四川增加279套,安徽增加244套,山东增加115套,湖北增加87套,黑龙江增加34套,福建增加21套,江西增加10套。部分地区高速公路气象环境监测设施布设情况如图5-3所示。

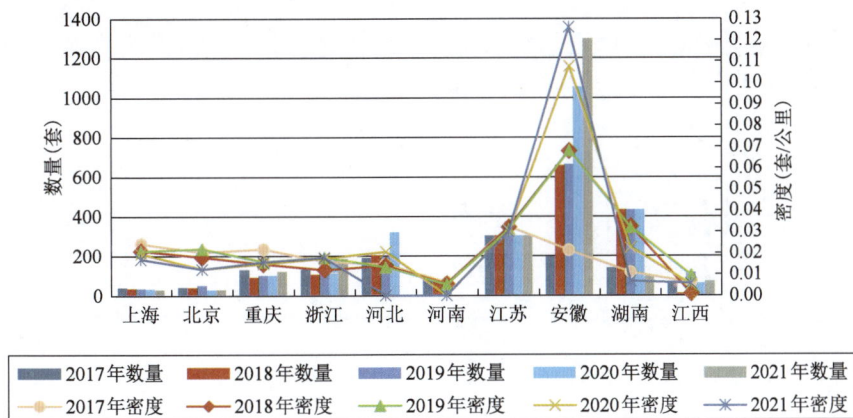

图5-3 2017—2021年部分地区高速公路气象监测设施布设情况

从公路气象环境监测设施布设密度情况看,安徽高速公路气象设施密度较高,约为8公里/套,四川、云南、江苏约为30公里/套,湖北、浙江、上海约为50公里/套;重庆、海南、山东、贵州、北京、吉林为70～100公里/套，其余省（区、市）布设密度均在100公里/套以上。

四、公路移动监测设施情况

公路移动监测设施在一定程度上扩大了监测的覆盖范围，弥补固定监测设施不足。截至2021年底，全国公路配备无人机1018架，应急通信车115台，移动巡查车6862台。

全国公路网运行监测设施详见附表C。

中 篇

全国公路网运行
管理与服务工作

第六章

公路网运行管理机制建设与服务保障情况

一、公路网运行管理机构建设

截至2021年底,全国共有北京、河北、内蒙古、辽宁、黑龙江、上海、江苏、浙江、江西、山东、重庆、四川、贵州、云南、西藏、甘肃、青海、宁夏、新疆等19个省(区、市)正式建立了省级路网运行管理机构,负责统筹省域辖区范围高速公路和普通公路路网运行监测、应急处置与出行服务等工作。其中,22个省(区、市)在交通运输主管部门或高速公路(投资控股)集团公司设立了省级高速公路路网分中心(或监控/收费结算中心)。吉林、黑龙江、安徽、福建、江西、河南、广西、重庆、青海等9个省(区、市)在普通公路管理机构下设立了省级普通国省干线路网分中心。具体详见表6-1。

2021年度全国路网运行管理机构情况汇总表　　　　　表6-1

序号	省(区、市)	路网运行管理机构	高速公路路网分中心	普通国省干线路网分中心
1	北京	北京市公路事业发展中心	首都公路发展集团有限公司监控中心	—
2	天津	天津市公路事业发展服务中心	—	—
3	河北	河北省公路事业发展中心	河北高速公路集团有限公司指挥调度中心	—
4	山西	山西省交通运输运行监测与应急处置中心	山西交通控股集团有限公司路网应急中心	—
5	内蒙古	内蒙古自治区综合交通运行监测与应急指挥中心	内蒙古自治区高速公路联网收费结算管理服务中心	—
6	辽宁	辽宁省交通运输事业发展中心	辽宁省高速公路运营管理有限责任公司监控中心	—

续上表

序号	省 (区、市)	路网运行管理机构	高速公路路网分中心	普通国省干线 路网分中心
7	吉林	—	吉林省高速集团有限公司监控中心	吉林省普通公路路网运行管理中心
8	黑龙江	黑龙江省公路路网监测中心	—	黑龙江省公路事业发展中心
9	上海	上海市交通委员会交通指挥中心		
10	江苏	江苏省公路事业发展中心	江苏省高速公路指挥调度中心	—
11	浙江	浙江省公路与运输管理中心	浙江省交通集团高速公路运营服务中心	—
12	安徽	安徽省交通运输综合执法监督局（安徽省交通运输联网指挥中心）	安徽交通控股集团有限公司监控中心	安徽省公路管理服务中心
13	福建	—	福建省高速公路联网运营有限公司监控中心	福建省路网监测与应急处置中心
14	江西	江西省高速公路联网管理中心（江西省交通运输厅应急指挥中心）	江西省交通投资集团有限公司监控中心	江西省智慧交通运输事务中心
15	山东	山东省交通运输监测与应急处置中心	山东高速集团有限公司监控中心	—
16	河南	—	河南省高速公路联网管理中心	河南省交通事业发展中心
17	湖北	—	湖北省高速公路联网收费中心	—
18	湖南	—	湖南省高速公路集团有限公司路网运行监测指挥中心	—
19	广东	—	广东省交通集团有限公司高速公路监控中心	—
20	广西	—	广西壮族自治区高速公路发展中心	广西壮族自治区公路发展中心
21	重庆	重庆市交通运行监测与应急调度中心	重庆高速公路集团监控中心	重庆市公路事务中心
22	海南	—	—	—

序号	省 (区、市)	路网运行管理机构	高速公路路网分中心	普通国省干线 路网分中心
23	四川	四川省交通运输运行调度中心	四川省高速公路监控结算中心	—
24	贵州	贵州交通信息与应急指挥中心 (贵州省路网中心)	贵州高速公路集团有限公司路 网中心	
25	云南	云南省交通运输厅路网监测与 应急指挥中心	—	—
26	西藏	西藏自治区交通运输厅路网监 测与应急处置中心	—	—
27	陕西	—	陕西省高速公路收费中心	—
28	甘肃	甘肃省交通运行(路网)监测与 应急处置中心	甘肃省高速公路运营服务中心	—
29	青海	青海省路网运行监测与应急处 置中心	青海省交通控股集团有限公司 监控中心	青海省公路局公路 养护应急保障中心
30	宁夏	宁夏回族自治区路网监测与应 急处置中心	—	—
31	新疆	新疆维吾尔自治区交通运输厅 路网监测与应急处置中心	—	—

二、公路网运行管理机制建设

(一)部—省—站三级路网会商调度机制

2021年,交通运输部公路局、路网监测与应急处置中心继续强化部—省—站三级路网会商调度机制,与全国31个省(区、市)的10801个收费站建立了常态化调度机制,通过"音视频调度系统",加强对重要通道、易拥堵收费站、重要服务区的运行监测,及时开展疏导调度,累计开展调度1.3万余次,统筹做好公路交通疫情防控和保通保畅工作。指导各省(区、市)按照联防联控机制要求,科学合理设置公路防疫检查点,优化检测方式和流程,提高检测效率,加强交通疏导,减少车辆拥堵缓行,最大限度减少疫情对经济社会发展的影响。调度督导地方不得擅自关停收费站和服务区,因出现确诊或密接人员等情况确需关停的,应报经省级联防联控机制批准,并提前向社会公布关停信息,在严格做好防疫工作的同时,继续保留加油、如厕等服务功能,满足驾乘人员基本需求。发现拥堵缓行长度超过500米的收费站,立即启动协三级调联动机制、及时调度疏导,防止出现大面积拥堵。加强节假日、重点时段和专项保障调度,强化跨区域协调联动,高效处置公路交通突发事件,不断加强收费站、服务区管理和保障各项工作,有效提高了节假日、重要时段、重大突发事件跨省区协同效率。

(二)路警联动机制

2021年,交通运输部公路局、交通运输部路网监测与应急处置中心联合公安部交管局持续推进"路警联动"保通保畅机制建设,以两部委名义联合印发《恶劣天气高影响路段优化提升实施方案》,并在清明、"五一"、国庆等重大节假日选取全国重点拥堵收费站和繁忙服务区开展联合保通保畅试点,指导各地交通运输主管部门不断深化"路警联动"合作机制,在联合值班值守、交通事故协同处置、恶劣天气协同应对、节假日及重大活动联合保障等工作方面持续发力、走深走实。

各地在高速公路"保通保畅、保安全、保疫情防控"方面的联动频次明显增长。比如山西与公安部门加强信息共享,发布专题《货运车辆保通保畅工作专报》,互相通报路网运行及疫情防控信息,拥堵长度超过500米的,立即督导属地保通保畅工作领导小组,协同保障路网畅通;辽宁、福建与公安部门建立了高速公路交通事故快速处理工作机制;内蒙古、吉林日常已与公安部门开展常态化联合排查;江苏、青海已实现高速公路运行管理机构、经营管理单位、公安交警部门(简称"一路三方")联合值班值守,24小时不间断地对各地路网运行、交通管控、点位布设、查验流程进行研判,对高速公路进行调度指挥。湖北、广东、广西深化路警共建、路地协同工作机制,联合疏堵保畅成效十分明显。

(三)地方公路网运行管理制度建设情况

2021年,各省(区、市)交通运输主管部门高度重视路网运行管理制度建设,编制出台了一系列制度规范,促进了路网监测、应急处置、出行服务、联网收费等工作的规范化管理,强化了监督考核机制和路警联动机制建设,为服务公众安全便捷出行提供了制度保障。例如:山西省出台了《路网运行监测与信息服务工作管理办法》及实施细则;内蒙古自治区编制了《收费站拥堵缓行治理专项行动实施方案》;湖北省印发了《关于加强全省普通公路网运行监测工作的通知》;广东省制定了《收费站保畅通优化工作指引》和《收费站通行能力行动方案清单》;贵州省出台了《贵州省交通运输突发事件应急管理暂行办法》;青海省修订了《青海省路警联合指挥中心指挥大厅应对自然灾害损坏公路水路应急事件响应预案》等。

三、拥堵收费站与拥堵路段疏堵保畅

2021年,交通运输部公路局、交通运输部路网监测与应急处置中心持续强化拥堵收费站监测调度,坚持日调度、周总结、月通报,不断优化拥堵监测算法,不断提升路网运行效率,进一步畅通公路运输"大动脉",全力保障物流畅通,促进产业链供应链稳定,疏堵保畅效果十分明显。

全国高速公路日均拥堵缓行500米以上且拥堵时长5分钟以上的收费站数量(138个),同比2020年(245个)下降43.78%,同比2019年(678个)下降79.67%。其中,拥堵时长30分钟及以上的收费站日均数量(69个),占比50.02%,同比2020年(96个)下降28.13%。

同时,交通运输部开展全国高速公路拥堵缓行收费站专项治理活动,以全国拥堵缓行排名前100位的高速公路收费站为目标,督促指导各地交通运输主管部门和高速公路经营管理单位,深入分析拥堵缓行成因,按照"一站一策"原则,指导各地针对性开展拥堵缓行收费站治理。各地在疏堵保畅工作方面也积累了一系列宝贵经验,其中,北京加强跨部门联动疏堵保畅,各路段与属地公安、交警、路政等部门在保通保畅、事故快清快处、突发情况处置等方面建立联动机制。内蒙古对全区248个高速公路收费站进行了全覆盖排查,筛选出38个拥堵缓行500米、30分钟以上收费站,综合运用软件系统升级、硬件设施更换、路警联动等手段,统筹开展治理。江苏加快推进智慧化疏堵保畅应用,多方联合构建统一调度管理平台,优化交通事故等事件上报模块功能设计,整合智能调度、气象监测等功能,为调度指挥管理提供拥堵预测等智慧化能力支撑。浙江在湖州、金华等地探索建立"一路三方"信息共享和联合处置机制,与交警数据进行对接,接入交警巡逻车全球定位系统(GPS)及工作状态数据,并通过地理信息系统(GIS)地图进行展示;打通12122接警平台,实现12122接警平台接警后实时推送接警信息至高速管控平台,改变传统通过电话等方式进行信息沟通的情况,提升工作效率、增加信息精准度。湖北总结出一套适用于防拥堵保畅通的"轻微事故四部曲快处法"(一拍照、固定证据;二移位、让出道路;三调处、划定责任;四牵引、清除路障),减少了因事故造成的道路拥堵滞留时间。广东编制《收费站保畅通优化工作指引》和《收费站通行能力行动方案清单》,形成18个拥堵收费站清单及治理方案,按照每月通报、不定期明察暗访形式开展督导工作,拥堵治理工作取得明显成效。

四、疫情防控与应急物资运输保障

(一)疫情防控工作开展情况

为全面做好公路网疫情防控服务保障工作,交通运输部于2021年1月26日印发了《公路服务区和收费站新冠肺炎疫情防控工作指南》,并根据疫情防控形势和实际工作需求,于2021年8月9日、10月28日分别对指南进行了更新,发布了第二版和第三版。指南明确提出,除因疫情防控需要或出现其他必须关停的情况外,公路服务区和收费站应保持开通运营状态,为驾乘人员提供便利化出行服务;未经批准,不得擅自关闭公路服务区和收费站。指南还分别对公路服务区室外、公路服务区室内、公路收费站、内部防控管理提出了具体要求,对公路服务区、收费站新冠肺炎疫情分区分级防控的要点进行了逐一要求。

(二)新冠疫苗运输车辆免费情况

新冠疫情爆发以来,各地持续做好新冠病毒疫苗货物道路运输保障工作,2021年2月以来,累计保障全国新冠病毒疫苗货物道路运输37043辆次,日均117辆次。新冠疫苗运输车辆月均免费通行情况如图6-1所示。

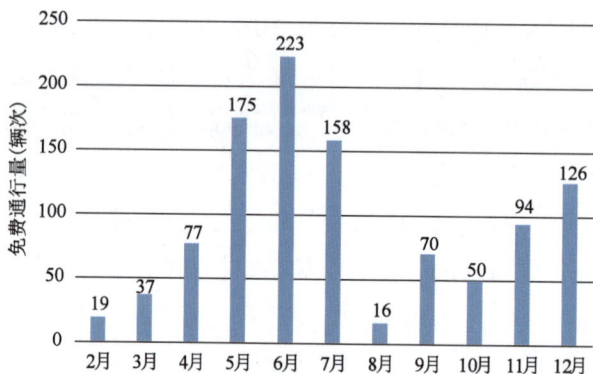

图6-1 新冠疫苗运输车辆免费通行情况

(三)公路防疫检测点设置情况

部联防联控机制公路保畅组按照部署,从严从紧从实落实各项防控措施。截至2021年12月31日24时,全国共设置2577个公路防疫检测点,环比减少38个。其中,高速公路设置1584个,环比减少28个,普通国省道设置993个,环比减少10个。

(四)电煤运输公路通行保障情况

为扎实做好电煤运输公路通行服务保障工作,全力保障人民群众生产生活秩序,交通运输部于2021年10月3日印发了《交通运输部关于深入贯彻落实党中央、国务院决策部署全力做好电煤、天然气等能源物资运输保障工作的紧急通知》(交公路明电〔2021〕246号),提出要尽快梳理摸清能源物资运输现状、全力做好能源物资运输供需对接、做好能源物资运输服务保障、加强安全生产完善应急预案、建立健全协同工作机制和信息报送机制的要求,2021年10月5日印发了《交通运输部办公厅关于进一步加强电煤运输公路通行服务保障工作的通知》(交公路明电〔2021〕248号),多次组织召开能源运输保障工作专班会议,指导各地做好冬春季电煤运输服务保障工作。2021年冬季,河北、山西、内蒙古、陕西、黑龙江、吉林、辽宁等7省(区)境内11条主通道(6条高速、5条国道)、118个路段、618个收费站总体运行平稳有序、通行状况良好。G1京哈高速、G5京昆高速、G6京藏高速、G18荣乌高速、G20青银高速、G22青兰高速等6条电煤运输重点高速公路,以及G108、G207、G306、G307、G338等5条电煤运输国道主通道未发生重特大交通事故。

第七章

公路突发事件应急管理工作情况

一、公路突发事件应急预案管理

(一)公路突发事件应急预案修订情况

总体来看,全国各省级交通运输主管部门积极按照交通运输部《公路交通突发事件应急预案》(2017版)修订相关本省公路应急预案,并依照《公路安全保护条例》的规定,制定了地震、泥石流、雨雪冰冻灾害应急预案,以及安全生产事故等专项应急预案和公路桥梁、隧道突发事件专项应急预案,以及现场处置方案和操作手册等,形成了层次分明的公路交通突发事件应急预案体系。天津、山西、内蒙古、湖北、贵州等开展了公路交通突发事件应急预案修订工作。

《交通运输突发事件应急预案管理办法》印发后,省级交通运输主管部门进一步细化预案管理制度,山东和贵州编制了省级交通运输突发事件应急预案实施办法。

(二)公路突发事件应急演练情况

2021年受新冠肺炎疫情影响,交通运输部未组织开展年度公路交通突发事件应急演练工作。省级交通运输主管部门、公路管理机构和高速公路运营管理机构组织开展了公路桥隧应急、防汛防台风、钢桥架设等主题的应急演练活动。部分省(区、市)2021年度应急演练开展情况如表7-1所示。

部分省(区、市)2021年度应急演练开展情况 表7-1

省(区、市)	应急演练(次)
河北	300
山西	728
山东	26

省(区、市)	应急演练(次)
广西	152
江西	26
重庆	200
甘肃	127

二、自然灾害综合风险公路水路承灾体普查

2021年度,交通运输部认真贯彻落实习近平总书记关于提升自然灾害防治能力的重要论述和李克强总理批示的重要精神,按照国务院普查办部署,加强组织领导和机制建设,压实工作责任,认真开展好公路水路承灾体普查工作。截至2021年12月31日,全国各行业普查平均完成进度86.5%,交通行业完成进度97.2%,完成进度较好。公路方面已填报公路设施属性信息数据421万余条,完成占比99.1%,已调查干线公路里程753715公里,除云南省35公里因疫情防控封闭路段外,全部调查完成,采集填报灾害风险点数据105348个,省市级平均检查完成进度97.9%,全国总体完成进度99.2%。

三、公路应急物资储备及装备使用

1. 国家区域性公路交通应急装备物资储备中心

国家区域性公路交通应急装备物资储备中心是国家应急物资储备体系的重要组成部分;是国防动员和交通战备物资储备的重要补充;是公路应急专业培训演练的重要基地;为重特大公路交通突发事件处置提供专业的应急装备和物资保障。截至2021年底,吉林(长春)、黑龙江(北安)、浙江(杭州)、河南(郑州)、四川(眉山)、云南(昆明)、西藏(拉萨、昌都)、甘肃(兰州)、青海(海南藏族自治州)9个省(区)和新疆生产建设兵团共14处国家公路应急储备中心已建成并投入使用(表7-2),已建成库房49座,储备应急处置、工程机械和后勤保障等类型专业应急装备1039台/套。在2021年"7·20"河南郑州特大暴雨洪涝灾害等突发事件应急处置工作中发挥了突出作用。

国家级区域性公路应急装备物资储备中心建设情况一览　　　　　表7-2

序号	省(区)/新疆生产建设兵团	选址位置	前期	在建	建成
1	河北	石家庄	▲		
2	吉林	长春			▲
3	黑龙江	北安			▲
4	浙江	杭州			▲
5	山东	临沂		▲	
6	河南	郑州			▲
7	湖南	娄底		▲	
8	广东	清远		▲	
9	四川	眉山			▲
10	云南	昆明			▲
11	西藏	拉萨			▲
12		昌都			▲
13		阿里	▲		
14		那曲	▲		
15	陕西	榆林		▲	
16	甘肃	兰州			▲
17	青海	海南藏族自治州			▲
18	新疆	昌吉		▲	
19		喀什		▲	
20	新疆生产建设兵团	阿拉尔			▲
21		图木舒克			▲
22		五家渠			▲
23		可克达拉			▲

2. 省级公路应急储备中心建设及装备使用情况

省级交通运输主管部门完善省级应急装备物资储备体系建设规划,规划建设了若干省级储备中心,重点储备装配式公路钢桥、破冰除雪装备、应急通信装备、工程机械装备等。部分省(区、市)省级储备中心应急装备物资储备中心建设情况如表7-3所示。

部分省(区、市)省级储备中心建设情况 表7-3

省(区、市)	省级储备中心	装备配备
北京	10	1384
河北	1	529
浙江	4	1712
福建	4	889
江西	7	210
湖北	1	852
广东	7	32
广西	6	1639
重庆	1	1163
云南	11	1472

四、重大公路交通突发事件应急处置

(一)"7·20"河南郑州特大暴雨洪涝灾害

2021年7月20日,河南郑州出现特大暴雨,巩义市、新密市、荥阳市等地出现了大范围的路基淹没、垮塌、淤埋、桥梁冲毁等灾情。灾害期间公路灾损共计9667处,其中冲毁桥梁47座,严重受损桥梁87座;隧道灾损6处;直接受损估算金额总计30.41亿元。其中:高速公路灾损点共计1575处,灾损估算金额约为2亿元;国省干线受灾点共计1217处,灾损估算金额约为6.5亿元;农村公路灾损点6875处,灾损估算金额超过22亿元。连霍高速郑州至巩义段封闭;国省干线公路因灾断行20处;农村路断行138处。

交通运输部主要领导高度重视,就认真贯彻落实中央领导重要指示批示精神,做好抢险救援工作做出部署:一是2021年7月21日凌晨3时启动防汛救灾Ⅱ级应急响应,保持与河南省交通运输部门和周边省份视频会商,指导河南省摸排公路、桥梁的水毁有关情况,制定抢通计划。同时,安排了两个救灾指导组带着有关专家,奔赴重点灾区进行现场指导。会同财政部门紧急拨付公路的灾毁抢通保通资金1500万元,支持河南开展公路修复抢通有关的工作。

(二)云南省漾濞县6.4级地震和青海省玛多县7.4级地震

2021年5月21日21时48分,云南省大理州漾濞县发生6.4级地震,震源深度8公里。受地震影响，G56杭瑞高速公路、G215国道、G320国道、S233省道局部路段不同程度受损。

2021年5月22日2时4分，青海省果洛州玛多县发生7.4级地震，震源深度17公里。受地震影响，G0615德马高速公路、G214国道、G227国道、S219省道等多处路段不同程度受损；G0613西丽高速公路共玉段野马滩1号大桥、野马滩2号大桥坍塌，S219省道花吉线昌麻河大桥坍塌；S220省道热江大桥受损严重。

地震发生后，交通运输部主要领导、主管部领导第一时间作出批示，要求密切关注人员受伤房屋受损，关注交通运输基础设施受损情况，指导做好灾区抢通保通、运输保障和路网监测等工作，防止发生次生灾害，并派工作组赶赴现场。2021年5月22日，杨传堂书记在综合应急指挥中心主持召开专题会议，传达党中央、国务院领导同志批示及国务院抗震救灾指挥部会议精神，部署交通运输抗震救灾工作。李小鹏部长作出批示，就做好贯彻落实工作作出安排部署。

经会商研判，2021年5月22日9时，启动部Ⅱ级应急响应，成立部应对云南省大理州漾濞县和青海省果洛州玛多县地震Ⅱ级响应应急工作领导小组，下设应急工作组（含综合协调组、抢通保通组、运输保障组、新闻宣传组、通信保障组、后勤保障组）、现场工作组、专家组和灾情评估组。部领导先后5次主持召开地震应急工作领导小组会议，多次视频调度云南、青海交通运输部门，及时研究、跟进部署交通运输抗震救灾工作。

一是连夜搜集交通灾情。地震发生后，抢通保通组连夜搜集公路受损情况，开展部—省—站三级调度，调取震区路段监控画面，多维度梳理现场信息，分析研判灾区公路交通状况，连夜绘制灾区受损公路分布及绕行图。共编辑路网快报27期，及时翔实反映受损排查、灾情处置、公路抢通、交通管制、通行保障等各类信息。综合协调组与部管国家局保持联系，及时获取地震对铁路、民航、邮政影响情况。

二是迅速抢通灾损公路。抢通保通组指导云南、青海两省迅速投入力量，全力抢通灾损公路，多渠道及时发布震区公路受灾、绕行、抢通等信息；与气象局、地震局等密切会商，及时发布预警信息。2021年5月22日15时，云南境内受损的高速公路和国省干线公路全部抢通；24日5时10分，随着S219昌麻河大桥临时便道修筑完成，通往青海地震灾区受损的国省干线公路全部抢通。同时，两省震区灾损农村公路，经抢通亦可保证通行。两地个别受损严重、短时间内难以修复的桥梁，通过抢修便道、公布绕行路线等方式保障通行，救灾人员、物资和灾区群众生产生活物资运输通道畅通。

三是开通救灾绿色通道。抢通保通组指导相关省（区、市）落实《收费公路管理条例》相关规定，保障执行抢险救灾的车辆免费、优先、便捷通行。两省高速公路收费站共开辟抗震救灾通道178条,累计通行救援车辆近万辆,免收通行费100余万元。

四是做好应急运输保障。运输保障组紧急研究制定运输保障工作方案,明确工作职责和分工;做好云南、青海及周边省区应急运力摸排,汇总震区毗邻两省五市(州)的应急车辆储备情况,指导各地统筹调度运力资源,保障应急物资运输,做好跨省运输组织应急准备。

五是务实做好现场指导。部派出现场工作组赴云南、青海现场工作组紧急赶赴一线,于2021年5月22日22时许和23日0时许分别抵达云南、青海震中区域,对接地方抗震救灾前方指挥部,会同地方部门研究确定应急处置措施。

六是全面排查设施隐患。抢通保通组指导两省组织专业技术力量对地震受影响地区的公路基础设施及相关附属设施受损情况进行全面、细致、深入排查。为支持青海省对受损严重的野马滩1号大桥、野马滩2号大桥以及沿线隧道等重要结构物进行检测评估,给予人力、技术、设备上的支持和帮助。及时指导两省交通运输厅质量监督机构对震中在建公路工程项目开展安全隐患排查,加强日常监测和应急保障,防范余震影响。

第八章
公路出行服务与联网收费工作情况

一、公路出行服务

2021年,交通运输部路网监测与应急处置中心在公路出行信息服务方面,结合疫情防控常态化下的出行需求,策划发布800余期"防疫路书"专题,每日向公众提供高速公路防疫站点设置、中高风险地区省(区、市)防疫措施、高速公路通行等相关信息,积极联动其他媒体平台以及高德、百度等导航企业进行动态更新,方便公众了解疫情防控举措的一手信息。同时,交通运输部路网监测与应急处置中心还服务了重大主题活动的宣传工作,协助交通运输部完成"沿着高速看中国""我家门口那条路"等各项活动策划和具体执行工作,取得了良好的宣传效果和社会效益。

(一)"两微一端一话"出行信息发布情况

2021年,交通运输部路网监测与应急处置中心负责的"中国路网"融媒体矩阵持续发力。截至2021年12月底,"中国路网"微博共发布信息5466条、阅读量4057万;微信公众号发布推文402篇、阅读量45万。"中国路网"荣获"2021年上半年中国交通政务微博矩阵十佳账号"称号。持续创新出行信息服务内容,创建公路旅游、出行安全、公路简史、ETC小知识等话题,组织制作《中国公路简史》系列原创推文及科普短片21期、《通行费发票小知识》系列原创视频及推文37期。

截至2021年底,全国各省(区、市)开通具有公路出行信息服务功能(含ETC业务)的微博58个,微信账号164个,移动客户端24个;共计开通客服电话号码164个(含ETC客服及12328电话)。其中按照号码资源分类,12328号码17个,12122号码5个,96字头号码15个,其他号码127个。2018—2021年公路出行信息服务"两微一端"情况如图8-1所示。

图8-1 2018—2021年公路出行信息服务"两微一端"数量变化情况

(二)中国交通广播出行信息发布情况

截至2021年底,由交通运输部和中央人民广播电台联合打造的中国交通广播已完成了北京(FM99.6)、天津(FM99.6)、河北(FM101.2)、上海(FM95.5)、湖南(FM90.5)5大区域和太原、呼和浩特、沈阳、长春、哈尔滨、无锡、南通、杭州、合肥、南昌、济南、郑州、武汉、南宁、成都、贵阳、西安、兰州、银川、乌鲁木齐20个重点城市[21个省(区、市)]的组网覆盖,较2020年组网覆盖城市增加3个。通过电波可以服务超过全国四分之三省(区、市)的公众出行,覆盖范围进一步扩大,开播省(区、市)服务品质不断提升。

(三)中国公路出行信息服务联盟情况

截至2021年底,由交通运输部路网监测与应急处置中心发起成立"中国公路出行信息服务联盟"(以下简称"联盟")共有65家成员单位。主要成员包括:国家邮政局邮政业安全中心、中国气象局公共气象服务中心等27家相关领域事业单位,河北交投智能交通技术有限责任公司、浙江智慧高速公路服务有限公司等15家高速公路运营企业,北京理工大学、长安大学2家公路交通领域高等院校,广州优路加信息科技有限公司、北京掌行通信息技术有限公司等10家科技类民营企业。自联盟成立以来,积极推动公路出行信息服务提质增效,多次组织集中研讨,开展公路交通出行信息采集、发布等相关技术研究,为公众出行提供了真实、可靠、高效的出行信息服务。

(四)出行信息服务标准建设情况

为了有效提升公众公路出行服务体验,交通运输部路网监测与应急处置中心积极推进一体化出行信息服务平台标准体系建设工作,并完成相关方案,为做好对公众的全流程出行服务能力建设打下基础。完成行业标准《公路出行信息服务技术规范》送审稿,团体标准《高速公路服务区智慧化运营服务指南》等征求意见稿,为提升出行服务质量贡献智慧与力量。

(五)高速公路服务区工作情况

在交通运输部公路局指导下,交通运输部路网监测与应急处置中心组织开发"公路服务区(服务设施)信息统计小程序",信息涵盖服务区基础设施建设和运营服务情况。其中,基础信息共29大项239小项,主要包括:服务区名称、所在路线、经纬度、停车场、公共卫生间、餐饮商超、能源补给等;动态信息共11大项53小项,主要包括:服务区车流量、服务区开关状态、剩余停车位数、能源补给设施状态及实时价格等。同时组织开发了"高速应急服务""中国高速便民服务区"等线上服务产品,第一时间向公众提供全国高速公路基本公共信息服务查询服务(包括因疫情导致的收费站、服务区开关闭情况等),该服务还接入"国务院客户端""国家政务服务平台"小程序,向更多出行者及时提供出行服务。

2021年,交通运输部将"深化公路'厕所革命'"列为2021年交通运输更贴近民生实事,并于6月印发《深化公路服务区"厕所革命"专项行动方案》(以下简称《方案》),在6月7日至12月31日期间,分4个阶段深化公路服务区"厕所革命"专项行动,更好满足人民群众出行需求。《方案》要求力争到2021年底,省域内客流量排名前50%的高速公路服务区公共卫生间基本实现设施完备、厕位充足、卫生整洁、生态环保,公众"如厕难"和"卫生差"问题基本解决,无障碍服务不断优化;普通国省干线公路服务区布局进一步优化,卫生服务设施体系更加健全,运营机制逐步完善,公共卫生间保持卫生整洁,有效满足公众出行需求。《方案》从对标高峰需求、增加厕位数量,完善卫生设施、保障特殊需求,加强保洁管理、保持干净卫生,加强创新管理、提升服务能力4方面,提出10项主要任务,持续深化公路服务区"厕所革命"。

交通运输部路网监测与应急处置中心通过"全国公路服务区信息统计小程序",积极推进公路服务区"厕所革命"专项行动实施,着力做好各省信息报送与统计工作。截至2021年底,全国高速公路服务区和停车区总数合计6695座。其中,被列入2021年民生实事建设改造计划任务的服务区和停车区数量为3890座,占公路服务区和停车区总数的58%。2021年底,除西藏自治区因高寒气候问题改造困难、运营单位整改难度大未能完成计划外,全国其他各省(区、市)均顺利完成公路服务区"厕所革命"专项行动计划,累计完成建设改造的服务区和停车区数量为4218座,整体完成率达108%。

二、全国收费公路联网收费

(一)全国联网收费总体情况

2021年,全国29个联网收费省(区、市)总交易量约108.38亿笔、总交易额6186.67亿元,其中ETC交易量约73.25亿笔、ETC交易额4563.90亿元。2019—2021年全国收费公路ETC日均通行量情况如图8-2所示。

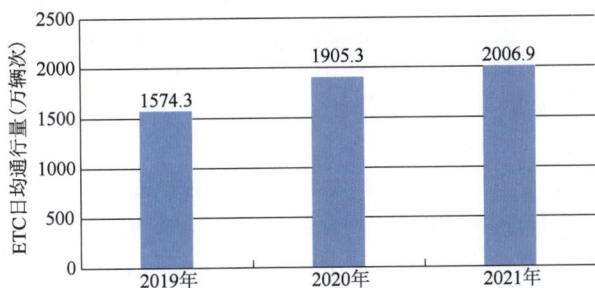

图8-2 2019—2021年全国收费公路ETC日均通行量情况

(二)联网收费ETC交易情况分析

2021年,全网ETC交易量约73.25亿笔,日均2006.9万笔、比2020年增长5.3%。其中,客车ETC交易量约57.79亿笔,货车ETC交易量约15.35亿笔。其中,2021年12月份,全网ETC支付使用率为67.52%,客车ETC支付使用率为68.69%,货车ETC支付使用率为64.18%。2019—2021年ETC支付使用率情况如图8-3所示。

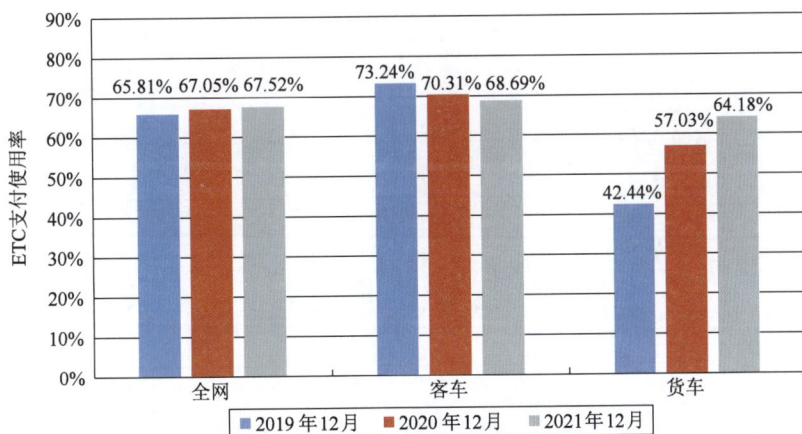

图8-3 2019—2021年ETC支付使用率情况

2021年,全网ETC支付使用率超过70%的省份,分别为辽宁、福建、四川、浙江。其中,客车ETC支付使用率超过75%的省份,分别为四川、福建、辽宁;货车ETC支付使用率超过70%的省份,分别为山西、安徽、浙江、山东、辽宁、江苏、福建。

(三)跨省清分结算交易情况分析

2021年,全网跨省清分结算交易量约35.54亿笔、交易额3632.75亿元,清分结算实时率100%、准确率100%。其中,ETC通行交易拆分约27.90亿笔、3069.99亿元;多省其他交易拆分约7.26亿笔、558.99亿元;ETC拓展服务交易清分约0.38亿笔、3.78亿元。

(四)通行费电子发票开具情况分析

2018年1月1日,全国收费公路通行费电子发票服务平台系统(以下简称"发票服务平台")正式上线,实现收费公路通行费增值税电子发票的统一开具。截至2021年12月31日,发票服务平台已为2482.31万用户提供了开票服务,促进了物流行业的降本增效。

2021年,发票服务平台注册用户626.30万户,较2020年同比下降30.72%;绑卡491.58万张,其中,单位卡绑卡15.49万张,占绑卡总量的3.15%;个人卡绑卡476.10万张,占绑卡总量的96.85%。2021年已绑定卡片总量占ETC发卡总量的2.16%;已绑定卡片中,客车卡占比71.91%,货车卡占比10.29%。全年日均绑卡量为1.35万张/日,其中,华东地区连续四年日均绑卡量最多(5669张/日,占全国的42.21%)。具体情况如图8-4所示。

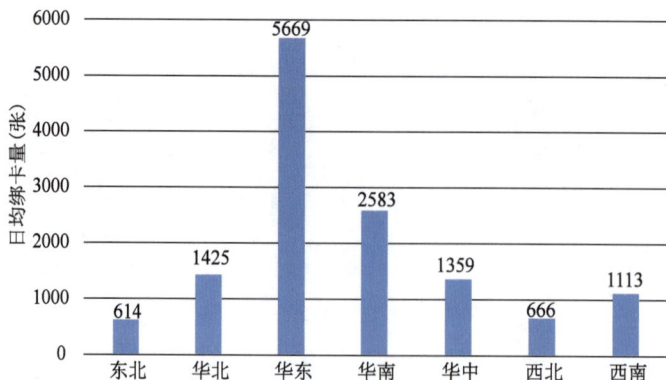

图8-4 2021年区域日均绑卡量分布图

2021年,发票开票量约12.57亿张、开票金额2016.42亿元。其中,客车开票量占44.13%,客货车开票量之比为1:1.26。征税消费发票约11.01亿张、开票金额1810.67亿元,可抵扣税额约55.59亿元;不征税消费发票约1.02亿张、开票金额401.23亿元;充值发票约325.46万张、开票金额60.53亿元;红字发票约5073.18万张、开票金额256.01亿元。

2021年全年开票量较为稳定,日平均开票量为344.50万张/日,较2020年同比上涨78.22%,具体开票情况如图8-5所示。

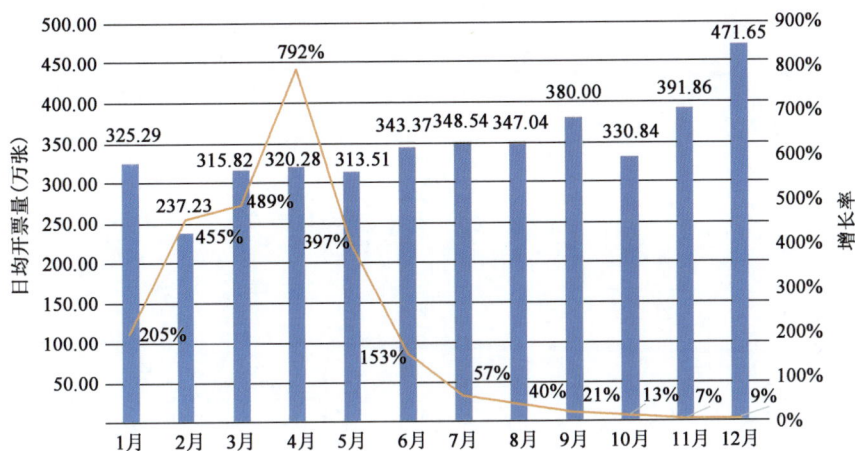

图8-5　2021年全国每月日均开票量趋势图

地方公路网运行管理
与服务工作

第九章
地方公路网运行管理与服务工作亮点

一、路网疏堵保畅地方亮点工作

1. 河北省,河北高速集团公司与高速交警相继联合印发了《河北省高速公路交通管理联席会议制度(试行)》《高速公路路警联勤联巡工作规范》《关于联合开展事故快速处理的通知》等一系列制度文件,有效整合高速管理机构及各部门力量,统筹协调、多维发力、齐抓共管、精准管控,确保高速公路安全畅通。积极开展路警合作试点工作,结合各辖区高速公路特点,确定了邢汾、石安、承德分公司三个试点。实现了恶劣天气下的科学封路,改善了路域通行环境。此外,京秦分公司全省首创利用应急车道的应急调节功能,试点实施K161~K164路段疏堵保畅工程,将"双向六车道"调节为"双向八车道",拓展道路通行能力。创新建立旅游高峰期精准分流管控新机制,实施K262~K270路段五轴(含)以上货车智能分流工程,实现旅游高峰期由24小时常规分流向精准智能分流转变。

2. 内蒙古自治区,会同自治区国资委制定并印发《内蒙古自治区交通运输厅　内蒙古自治区国资委关于印发〈收费站拥堵缓行治理专项行动实施方案〉的通知》(内交发〔2021〕569号),将盟市交通运输局、各高速公路运营管理单位纳入工作专班,层层压实责任,自上而下开展拥堵缓行整治。印发《内蒙古自治区交通运输厅关于开展拥堵缓行收费站排查整改工作的通知》(内交发〔2021〕493号),对全区248个高速公路收费站进行了全覆盖排查,筛选出2021年1月1日至9月17日期间拥堵缓行500米、30分钟以上收费站共38个。印发《内蒙古自治区交通运输厅关于组织开展高速公路易拥堵收费站专项治理工作的通知》(内交发〔2021〕694号),对经常出现拥堵缓行的15个收费站,精准分析问题和原因,7个已完成改扩建改造,其余8个的改造计划于2022年完成。印发《内蒙古自治区交通运输厅关于开展高速公路收费站拥堵缓行事件等级响应的通知》(内交发〔2021〕767号),按拥堵程度分为三级,Ⅰ级(特别严重)为拥堵2000米以上,Ⅱ级(严重)为1000~2000米,Ⅲ级(较大)为500~1000米,由运营管理单位针对性疏堵保畅。

3. 江苏省,一是易堵路段和收费站的排查治理。全省各级路网中心加大路网监测预警和电子巡查。在全网推行实施交通大流量分级管控、中重型货车靠右行驶、黄牌货车错峰限行、联网高速全程测速等路网管控策略，实行高速公路快处快赔一站式服务，交警、路政、排障"三车联动"。编制完成《江苏高速公路路网运行管理办法》《江苏高速公路清障救援服务管理办法》和18项专项管理规范，制定清障作业等23项作业标准，形成清障救援业务管理流程规范。二是跨部门联动疏堵保畅工作高速公路建立长三角区域"1+3+*N*"协作机制，制定"四省一市"信息共享方案、可变信息标志信息发布机制，推动路况信息共享平台建设，与安徽高速实现省际20公里内视频资源共享，进一步提升区域应急协作质态和公众服务水平。三是智慧化疏堵保畅应用。推进大流量分级管控策略，编制《路桥单位细化分级管控工作方案》，全年高速路网平均畅通率99.20%，同比提升0.12%，节日期间路网平均畅通率96.06%，同比提升1.78%。在沪宁高速东段无锡—苏州段构建了42公里饱和流量管控示范区，利用主线车道级管控、匝道智能管控、快速应急救援等技术，实现通行效率提升7%、通行速度提升24%；在苏州相城区改造智能网联道路超过60公里，部署超过400套感知设备，智能网联道路区域内实现5G网络全覆盖，全国首个5G无人公交实现了常态化运营。

4. 安徽省，加强与长三角区域高速公路管理部门的区域协作，重大节假期前，与长三角地区高速公路管理部门共同发布《高速公路出行服务指南》，及时向公众提供路网信息，取得了良好的社会反响，其中清明假期由安徽省轮值主办。牵头推进长三角高速拥堵情况发布"一网通办"工作，于5月底实现了高速路况信息在长三角"一网通办"专栏和"皖事通"App上实时发布。研究建立《长三角区域高速公路可变信息标志信息发布协作机制》《长三角区域高速公路出行信息共享机制》等四项协作机制，进一步加大区域协作力度，深化协作内涵。

5. 河南省，全省高速公路收费站根据通行情况，科学设置收费车道，实施客、货车分区域、分车道行驶，提升通行效率，并加强与高速、地方公路交警、路政联勤联动，在车流量增大时及时启动应急保障预案，尽可能减少车辆拥堵和人员滞留。针对部平台监测发现的80个拥堵收费站，实施"一站一通报"，有效督促相关单位采取措施，快速恢复正常通行。2021年，重点对郑州周边机场、京港澳、郑栾、郑民4条高速公路的8个易堵点段进行专项治理，通过综合分析交通量、事故率、道路线形等因素，按照"一点一方案"原则，采取改造潮汐车道、增设渠化设施、引导标牌、路面提示文字以及增设路警临时保通点等措施，取得显著成效。

6. 湖北省，一是健全一路多方联动机制，实时共享路况信息，调度路政机构、救援队伍前往突发事件现场，跟踪现场处置情况，指导相关单位按照"近端管控削峰、中端分流错峰、远端提示调峰"原则采取交通管制分流措施,不断检验和提升协同作战能力,切实提高突发事件处置效率,保障路网安全畅通。二是针对交通事故多发、易拥堵缓行、受恶劣天气影响较大的重点路段制作"应急处置卡"绘制应急处置作战图,厘清站所、互通及周边应急资源。聚焦重点收费站和重点时段,按照"一站一策""一事一档"的原则,制定完善了监测预警、应急处置等工作的流程、措施,针对分类分级筛选的35个重点收费站,通过路网监测平台实时巡查各重点收费站运行情况,一旦发现拥堵缓行情况,督导相关经营管理单位采取疏堵保畅和阶段性应急通行措施,严防长时间、长距离的拥堵缓行情况发生。

7. 广东省,组织全省各路段编制了全省易拥堵点、内涝易发点、地质灾害易发点和事故多发点位置等多张路网地图,定期梳理和更新,分类制定保障措施,对相关风险点进行重点防控,进一步做好重大节假日保畅通保服务工作。指导省交通集团编制《收费站保畅通优化工作指引》和《收费站通行能力行动方案清单》,形成18个拥堵收费站清单及方案,按照每月通报、不定期明察暗访形式开展督导工作,确保各项整改措施落实到位,通过收费站专项优化改造,有效破解制约收费站保畅治堵关键性问题及突出矛盾,拥堵治理工作取得明显成效,交通运输部收费站拥堵通报中广东省拥堵情况得到明显改善。

8. 四川省,一是四川省交通运输厅高管局联合公安交警组织编制了《四川省高速公路重大节假日缓堵保畅操作手册》,从路网流量及流向研判、应急物资及队伍布设、施工撤场并恢复通行能力、储备服务区商品油料、排查路段安全隐患等10余个方面进行准备,制定易拥堵路段保畅、枢纽互通保畅、收费站保畅、服务区保畅、清障救援、信息发布机制等数十项具有可操作性的措施。制定三级联动机制,高速执法、高速交警、高速公路营运公司全面建立路段级、区域级、路网级运行机制,重大节假日期间进驻监控中心,开展联合值班、联合指挥、联合调度,从流量和流速两个维度综合判定,将高速公路拥堵程度从自由流到阻塞分为一至六级,按照拥堵程度分级启动流量调控联动机制,实现快速响应。二是同高德地图合作,开展省级路网运行监测试点,联合公安交警,共同使用高德智慧交通公共服务平台对国省干线拥堵路段和收费站实时感知,逐日统计,开展排查工作。节假日及重要时段开展实时监测工作,形成运行时报,各部门共同值守调度,与文旅、公安交警等部门共享实时拥堵监测信息,跨部门联动疏堵保畅。

二、路网疫情防控地方亮点工作

1. 天津市,一是根据市疫情防控指挥部要求,制定《关于市疫情防控指挥部进京通道管控专业组的工作方案》,组建进京通道管控专业组,逐项落实进京通道管控工作方案的各项工作,强化进京通道公路查验,在6条进京普通公路通道组织开展进京车辆人员查验工作,抓实抓细进京通道管控工作。二是统筹公路疫情防控和保通保畅,切实保障人民群众生命安全。科学设置162处公路进津通道防疫查验点,在30处普通公路入市口、132处高速公路收费站和74座高速服务区全面开展停车查验工作,确保对入津车辆和重点人群输入的有效管控。

2. 内蒙古自治区, 一是落实口岸出入境运输"客停货通"政策,全面加强口岸疫情防控闭环管理,因地制宜配合推进"甩挂、接驳、吊装"等无接触作业,实现人货分离、分段运输、封闭管理,确保国际道路运输不断链。持续加强重点时段、热点路段运力供给,建立14支应急运输保障车队,设立应急物资专用收费站10个,开辟应急运输绿色通道296条,保障医疗物资和重要生产生活物资顺畅供应。二是做好能源物资运输保障工作,加强能源运输保通保畅。成立运输应急保畅工作专班,对能源运输重点区域、重点路段、运输通道实行路网监测,制定《全区电煤、天然气等能源物资运输保障工作方案》,实行每日调度会商,统筹能源物资运输和疫情防控工作。保障货运车辆快速通行。加强对煤炭等能源运输重点区域、重点路段、运输通道的路网监测,呼和浩特市、鄂尔多斯市共开通100条货车专用通道,提高了通行效率。主动服务交通从业人员。全区依托城市进出口、高速公路收费站、服务区,针对煤矿、煤场等货车驾驶员集中的场所,增设核酸检测点,为货车驾驶员等从业人员开展核酸检测提供便利。

3. 安徽省, 一是落实"一路五方"联防联控机制。密切配合属地政府、公安交警、交通运输、卫生健康等部门,先后在全省211个收费站设置疫情防控检测点,组建约1000人的队伍配合开展"两码"查验、核酸采样、抗原检测、流调溯源等工作。二是全力做好货运车辆服务保障工作。组织"一路三方"召开防疫物资和货车物流保畅会商会,采取"五保"(保畅通、保防控、保服务、保救援、保安全)举措,进一步优化路网疫情防控和保通保畅工作,全面加强货运车辆服务保障。各收费站出入口设立货运车辆便捷通道,安排专人引导,优化查验流程,保障货运车辆优先通行,为货车驾驶员接受"双码"查验和"双检"提供便利,同时各收费站加强便民利民服务,为长途奔波的货运驾驶员提供热水、泡面、爱心快餐,适时发放装有自热米饭、方便面、口罩等物资的"暖心服务包"。三是根据各地市政府防疫要求,结合安徽省高速公路收费站实际情况,通过对联网收费系统升级改造,与第三方系统配合,结合现场防疫人员编制的预警收费站信息,对中高风险地区车辆,通过收费显示器及收费界面进行预警,并将预警信息推送至防疫人员,提醒防疫人员对车辆进行防疫检查,从而实现对来自中高风险地区的车辆进行精确识别预警。

4. 山东省, 一是进一步落实健康码查验,在公路服务区(停车区、驿站)等公共服务场所和载体全面推行健康码代查服务,通过为不会使用或者没有智能手机的老人、儿童等乘客提供代查健康码、行程码,协助信息填报等服务,进一步精确排查乘客来源地区疫情风险。二是各地市组织开展疫情防控应急演练,模拟发现疑似疫情乘客场景,通过演练疑似疫情乘客隔离、疫情报告、人员转运、相关接触人员和进站区域和物品的隔离、防护、应急安检通道启用、现场及候车区消毒等7个环节流程,切实提高处置防止疫情输入风险能力。三是各市公路防疫检查站点设置变化情况、物流运输保通保畅政策动态,将及时通过网站、公众号及站点公示栏等方式向社会公布。四是先后开通了全省重点物资运输通行证和跨省通行证全程网办电子证件平台渠道,简化办理程序,方便企业和驾驶员申请办证。

5. 重庆市,利用高速公路ETC通行数据,分析筛查中高风险地区车辆在本市高速公路下道信息,推送给区县政府、公安、卫生防疫等部门,落实社区常态化防控。研发推出了"重庆高速大数据疫情防控实时监测平台""疫情风险区域灵活配置平台""重庆疫情防控查验平台""重庆疫情防控查验App"等多个平台和系统,根据重庆实际情况量身打造了一款高速公路大数据"战疫神器",利用信息化手段助力重庆疫情防控,用大数据技术筑牢重庆交通防疫高墙,得到市级领导和国务院疫情防控检查组好评。

6. 贵州省,一是做好货车驾驶员核酸检测。落实"即采即走即追"+"人员闭环管理"要求,已在全省入黔区域附近高速公路服务区设立18个核酸检测点为货车驾驶员免费开展核酸检测,实现高速公路入黔通道全覆盖;并在545个高速公路收费站外设有核酸检测点,占到全省收费站总数的95%。二是科学精准落实防控措施。协调公安、卫生健康、大数据等部门在保障货运畅通的同时精准做好疫情防控。对有风险地区行程的货运驾乘人员,采取点对点护送等方式实现闭环管理。全省所有高速公路收费站出口均部署入黔车辆识别系统,快速分流车辆,提高通行效率。

7. 云南省,做好疫情防控入滇冷链食品运输车辆信息登记工作,在普宜高速宝山服务区、曲胜高速胜境关检查站、江召高速金鸡公安检查点、水麻高速楼坝服务区、罗富高速皈朝服务区、富龙高速龙留服务区及永仁高速公安查缉点等建立了7个入滇进口冷链食品运输车辆临时信息登记点,常设专职人员56人24小时值守。按照确保"不漏一车"的要求,统一使用"云智溯"平台,做好信息登记与推送、封签粘贴等工作。同时,结合路政管理工作职能职责,省路政总队制定并下发了《关于贯彻落实省人民政府加强进口冷链食品疫情防控运输监管工作方案》。

8. 宁夏回族自治区,宁夏交投集团开发了宁夏高速公路疫情防控大数据查验系统,利用高速公路ETC收费门架系统,同步监测车辆路径信息,对闯卡、瞒报行程、倒换卡等车辆进行重点防控；替代原有纸质"疫情查验通行卡"的发放，杜绝了一车多卡、瞒报行程，有效防止了入宁车辆疫情防控查验漏洞，大幅提升了疫情查验点车辆查验的精准度和工作效率；降低高速公路出口疫情查验点各项成本，每月节省约198万元。该系统还为自治区疫情防控指挥部提供高速公路省内外车辆在宁通行轨迹等数据，为公路疫情防控指挥提供决策依据。

9. 新疆维吾尔自治区，一是以工地为重点，厅系统积极配合自治区及各地疫情防控工作，严格落实封闭管理各项要求，交通建设施工单位对"工人、驻地、工地"进行封闭管理，严格执行用工实名制和工地进出场管理制度，严把体温监测和健康状况信息登记"进入关"，守好公路工程建设疫情防控基本盘。二是以公路服务环节为重点，突出抓好从业人员、旅客、客货运场站、交通运输工具、服务区、收费站等的疫情防控早期监测预警。三是以国际道路运输防控为重点，指导口岸单位严格执行"客关货开"原则，继续暂停国际道路旅客运输，严防外部输入；对已开放货运功能的口岸建立"一口岸一方案"防控模式，加强对国际道路运输企业特别是冷链物流企业的监管，加强对进口货物特别是进口冷链食品通关单证的查验，积极配合相关部门做好冷链物流疫情防控信息追溯，确保"人货分离、分段运输、封闭管理""人、物、环境"同防等措施落实到位。

三、公路应急处置地方亮点工作

1. 北京市，按照国务院、交通运输部相关指示精神，组织开展了北京市自然灾害综合风险公路承灾体普查工作，制定了《北京市自然灾害综合风险公路承灾体普查实施方案》（京交公管发〔2021〕3号），明确工作目标、责任分工、保障措施、审核流程等内容；组织各高速公路运营管理单位、各公路分局、各乡村公路主管部门共计243人/次，圆满完成北京市自然灾害风险公路承灾体普查。

2. 山西省，一是全力推进平安公路建设。"十三五"期，完成普通国省道安全生命防护工程2597公里，完成危桥改造93座。全面开展干线公路隧道提质升级改造、隧道安全风险防控、公路交通标线质量提升、公路桥梁防护设施和连续长陡下坡路段排查评估等专项行动。二是修订完善50余个应急预案，建成大型交通物资储备库3座、应急物资储备点125个，组建专兼职应急救援队伍64支。三是在总结梳理运营高速公路面临的17项主要致险情景的基础上，运用交控集团"安全应急智慧管理系统"，先后在临汾南、运城北、晋中、朔州高速公路管理公司，成功举办危险化学品运输车辆交通事故应急处置综合演练和收费站突发事件应急救援联合演练。

3. 辽宁省，一是修订完善《辽宁省交通运输系统防汛工作方案》《省防指交通保障组工作规则和厅防汛办工作细则》，形成"统一领导、分级管理、属地负责"的防汛工作机制。二是强化预警预报。与气象部门签订气象服务协议，提供强降雨、大雾、雪灾、沙尘暴等气象灾害的预警，提供精细化、专业化交通气象预报预警和实时状态信息。三是强化应急演练。2021年7月9日，省厅组织公路、路政、交警、运输等部门，以丹东市为主会场、抚顺市为分会场，开展了辽宁省交通运输系统防汛防台风综合应急演练。

4. 吉林省，2021年11月6日至11日，吉林省出现入冬以来最强降雪天气，暴雪红色预警，白城、松原、四平及长春降暴雪、大暴雪，乾安、双辽等7个市县降特大暴雪，为吉林省历史同期最强暴雪天气过程。经过持续五天五夜的艰苦鏖战，普通国省干线公路累计出动人工23469工日、机械设备5597台班，除雪量1363万立方米，圆满完成了公路除雪防滑保通保畅任务，全省未发生因路面积雪积冰导致通行阻断的情况。

5. 江苏省，一是全省按照"每市一个应急处置中心，每县一个应急处置基地"规划，共建成13个市级应急处置中心和68个县级应急处置基地。二是高速公路在全路网设置清排障驻点150处、清障救援队伍1923人，重大节假日期间轻微事故临时快速处理点25个。遇到路网大流量时期，增加布设临时清障点，科学设置"三车备勤点"。三是完成全省6097座普通国省道桥梁、59780座农村公路桥梁运行状况的逐一拉网式排查，对危桥及时采取有效处置措施，全省普通公路危桥占比1.7%，低于全国平均水平（3.4%）。四是完成普通国省道103座、农村公路965座跨等级航道桥梁防船舶碰撞隐患自查和综合评估，以及扬州、镇江等市217座普通国省道大桥、特大桥安全风险排查评估和分级管控。五是整治公铁并行交会普通公路路段安全设施隐患322处，扎实推进普通国省道一级公路中央分隔带护栏完善提升、视距保障和公交校车停靠站点安全保障、交安设施立查立改等工作。六是严格落实"入口拒超"和"两客一危"管控措施，深入推进货车靠右、区间测速、车辆控距等多项管控策略，制定《江苏高速大件运输车辆管控工作方案》《江苏高速车辆自燃事故风险防控建议》《江苏高速危化品运输车辆管控建议》。

6. 福建省，一是强化"行政首长为核心、各级指挥长具体负责"的交通防汛指挥体系，着力构建"四个机制"，有效统筹"四方力量"。2021年汛前适时完善福建交通应急App指挥体系，全面落实防汛防台风主体责任，强化应急管理信息化报送机制。完善省、市、县一体的自然灾害应急处置数据报送机制，确保灾情险情报告快速及时。二是建立省级应急抢险中心为主体、区域应急抢险中心和社会协作单位为补充的专业化应急抢险队伍，加强对3公里以上特长隧道以及跨海大桥等的监管，在隧道、桥梁出入口就近设置应急队伍，联合省消防救援总队、省交警总队主办了福建省"联合使命-2021"高速公路隧道灾害事故跨区域灭火救援联合演练。

7. 江西省，一是建立健全了高速公路运营管理单位、路段管理单位、养护所站的三级应急预案体系和应急物资储备体系，累计完善综合应急预案44个，专项应急预案110个，现场处置预案168个。二是联合高速交警、路政共同印发《高速公路保安全保畅通联勤联动工作实施细则》，进一步明确各方联动工作任务和目标。三是完成高速公路六大类共计1294处的隐患整改及850处路域环境隐患整改；持续开展公路独柱墩桥梁运行安全提升专项行动，对174处独柱墩桥梁墩台及护栏进行改造；排查船舶碰撞桥梁安全隐患，落实12座通航桥梁的综合评估及标志标识工作；组织开展九岭山隧道集中养护工程。

8. 河南省，一是充分发挥高速公路路警"四联合"工作机制优势，以省路警联合指挥中心为依托，通过全省65个路段应急指挥分中心统筹运营单位收费、路产、养护、服务区、运维等部门，与地方公安、应急、气象等部门紧密联动，对全省高速公路统一实施协调调度、交通管控、应急处置、信息报送发布工作。二是开展警示教育活动。举办郑州"7·20"特大暴雨灾害以案促改安全形势分析培训会，特邀河南省交通安全研究中心专家，围绕国务院调查组《河南郑州"7·20"特大暴雨灾害调查报告》，从特大暴雨灾害及抢险救援基本情况、重大险情抢险救援关键技术、洪涝灾害抢险救援技术制胜的关键因素三个方面对"7·20"暴雨灾害抢险救援工作进行深刻剖析，并组织编写通俗易懂、操作性强的防汛应急应知应会手册。

9. 湖北省，进一步深化高管局应急中心和路段监控中心"两级中心"管理模式和多部门联勤联动、信息共享工作机制，通过高速公路运行监测平台、路网监控视频和183处气象监测站，实时监测全省高速路网的温度、降水量、能见度等9项气象要素，并通过重要时段安排气象专家到应急中心一线开展气象监测研判和常态化联合会商研判机制，及时掌握交通气象变化情况，联合发布气象日报、周报、专报，第一时间向"一路多方"推送预警信息，提前做好恶劣天气应对准备。

10. 广东省，一是在全省近20个路段试点应用高速公路异常事件（事故、路障等）检测系统，运用人工智能（AI）和毫米波雷达等先进技术，实现对多种高速公路异常事件的监测报警，弥补人工轮巡难以及时发现异常事件的不足；充分运用无人机等先进设备，在节假日期间不间断巡航，确保及时发现拥堵、交通事故等情况，进行快速处置。二是全年在高速公路网中增设固定救援驻勤点5个，节假日期间，增设临时备勤点195个，维持约18.78公里一个救援驻勤点的密度，并通过滚筒式备勤方式，缩短到场物理距离，努力提高救援到场效率；规划建设综合养护基地24个，日常养护基地145个，基地内均设立了应急物资仓库或抢险机械、车辆存放点，实现可跨路段调配养护资源力量。

11. 陕西省,2021年陕西省遭遇有气象记录以来最强降雨,造成公路交通基础设施严重损坏,灾毁累计造成经济损失75.3亿元。省交通运输厅积极调整省级交通资金支出结构,紧急安排补助资金约3亿元,支持市县抢通和恢复重建受损普通国省道和农村公路,全省公路行业迅速启动应急预案,做到即堵即抢、即抢即通,全省高速、干线、乡村水毁公路实现抢通并积极开展恢复重建工作,截至2021年底,普通国省道一般灾毁恢复重建已完成1472处,重大灾毁恢复重建率达到88%,575个建制村水毁道路基本完成修复。

12. 宁夏回族自治区,2021年底100%完成全部普通国省干线4921公里普查调查任务,选取典型滑坡灾害1处,探索建立滑坡安全监测预警系统及云平台,同时,选取"急、难、险、重"典型地质灾害风险点10处,开展灾害点"销号"工作。同时,指导地方交通运输主管部门开展灾害风险点安全隐患治理工作,达到"清单管理、建账销号、闭环治理"的工作目的。

四、公路出行服务地方亮点工作

1. 北京市,依托北京市交通委员会科技项目《可变情报板路况信息发布标准及关键技术研究》成果,通过监测数据或与交通行业互联网企业深入合作,构建了以海量浮动车、交通事件等多源动态数据为基础,以大数据、云计算、人工智能等技术为驱动的交通信息智能发布模型。初步实现了可变情报板信息发布范围自动识别、发布内容智能生成、发布时长自动判定,最大限度发挥可变情报板的功能,提升路网信息服务智能化水平。通过数字签名技术的跨行业的应用,把符合国密要求的数字签名技术用于可变情报板信息发布流程,对公路可变情报板信息发布全流程进行安全管控,初步实现"违法分子攻不进、违法信息上不去"。

2. 辽宁省,通过"辽宁高速通"官方抖音账号开展每日常态化直播工作,实时、在线解答用户关于高速公路主线通行状态、收费站开通状态、疫情管控信息等方面的问询,并在重大节假日参与全国高速公路路况联播,和组织开展本省路况联播工作,为用户提供关于节假日免费通行政策、通行研判、出行推荐等方面的最新信息。辽宁省高速公路通过微信建立起"营运客车路况信息共享群",实时推送全省高速公路路网通行状况信息,及时回应出行问询,为营运客车用户平安、顺畅地通行辽宁省高速提供及时、有效的信息服务基础。

3. 吉林省,吉林省高速公路"一键救援、疫情卡点、智能客服、ETC服务、餐饮预订、吉林高速旅游导图"的不断上线,拓宽了出行信息服务的广度与深度。尤其是"吉林高速旅游导图"的上线将吉林高速公路路网与吉林省旅游资源有机结合。以高速公路路网为主线,图文并茂地介绍了吉林省高速公路沿线的旅游打卡地。公众不仅可以通过"吉行高速"小程序直接导航到目标景区,还可以详细了解景区的特色景点。与吉林省政务服务与数字化管理建设管理局深度合作,实现"吉事办"与"吉行高速"小程序的数据对接与跳转,更多的驾乘人员可以通过"吉事办"全面、动态地获取全省高速公路收费站通行及服务区经营情况。

4. 江苏省, 建设智能客服机器人,进一步满足社会公众多元获取出行信息的需求。2021年,96777客服热线累计接电292.17万个,同比增长2.52%,服务接通率83.65%,较上年提升43.60%。全省普通国省道公路服务设施已建成142个,全年创建省级"公路驿站"16个、总数达到31个,农村公路驿站总数达到188个。大力推进收费服务品牌创建。盐城普通国省道服务区探索"服务区+旅游、物流、电商"等特色运营模式,扬州积极推动与地方政府、国有企业共建共享服务设施,取得良好成效。

5. 浙江省, 2021年,全省投入运营高速公路服务区88对、停车区19对,其中五星级服务区11对,四星级服务区31对。全年新增130个充电桩,累计达720个,覆盖率达100%,全国第一个实现高速公路服务区充电桩全覆盖;新增高速公路服务区"司机之家"15个,累计达33个,其中高速公路5A"司机之家"总数位列全国第一;新增危化品停车位157个,有效缓解危化品车辆停车难问题。制定智慧服务区建设技术要求,启动全省高速公路智慧服务区建设,年内完成7个智慧服务区试点建设。

6. 河南省, 2021年河南省高速公路云视频上线,公众通过"河南高速"微信公众号可查看全省7000余路高速实时云视频,直观了解高速公路通行状况,点击量已超过1.2亿次。出行服务设施方面,全省高速公路服务区累计投入4.64亿元,对11对服务区进行升级,对36个卫生间提升改造,实现了"明厨亮灶"、第三卫生间、母婴室和残疾人设施四个100%全覆盖。

7. 广东省, 打造创新型服务区21对,逐步把服务区打造成为展示地方、产业、文化的平台;其中以侨乡文化主题打造的沈海高速大槐服务区商业综合体,是广东省首个开放式文旅主题服务区,荣获"全国高速公路旅游主题服务区"称号,已成为华南"网红服务区"。以"六祖"禅文化主题打造的江罗高速新城服务区,荣获"全国高速公路旅游特色服务区"称号。建立统一门户系统,不断提升服务区营运管理效能,建立和运用商业智能(BI)模型,形成服务区经营情况可视化看板与数据决策辅助。构建智慧服务区管理云平台、企业级数据中心,实现各类应用系统的数据互通和整合,支持电子巡更与现场标准化管理,提升服务区现场管理水平。强化服务区顾客体验评价系统的运用,有针对性地持续改善服务品质。

8. 广西壮族自治区,截至2021年底,累计建成"司机之家"35个。服务区服务功能不断提档升级、人性化服务水平大幅提升。其中宾阳服务区高速公路文化展示馆被认定为全国公路科普教育基地(2021—2025)、花山服务区被评为第二届全国高速公路旅游特色服务区、那马服务区荣获第二届全国高速公路旅游主题服务区称号。推进"服务区+旅游""服务区+扶贫""服务区+地方文化"等建设,有效促进消费升级,服务地方经济发展。目前已建成主题文化服务区10对,商旅综合体类型服务区6对,与扶贫产业融合发展的服务区38对,交旅融合发展的服务区18对,有力推动服务区品牌化、专业化、连锁化经营管理。2017年起,搭建了广西公路信息管理平台,将车辆通行费、灾毁信息、公路路况、公路视频、路政信息、农村公路等平台进行整合,实现群众通过访问广西公路发展中心网站即可查看区内公路各个路段的实时路况视频,为应急处置和公众出行服务提供支持。

9. 海南省,海南省是遭受台风恶劣天气影响比较大的省份,每年平均会受到5个左右的台风侵扰,海南省公路网运行监测部门在每个台风生成时就开始密切关注台风动向,对台风运行路径进行预警,在海南省公路管理局官方网站发布来袭台风预警通告,提醒各养护单位做好防风防汛工作以及提醒出行群众谨慎驾驶。

10. 四川省,一是厅公路局组织开展四川省普通国省道服务设施布局规划和标准课题研究,充分利用现有公路管养设施并强调绿色能源供给和循环技术应用,形成了《四川省"十四五"普通国省道服务设施规划研究》《四川省普通国省道服务设施建设指南》《四川省普通国省道服务设施运营管理导则》《四川省普通国省道服务设施标识形象设计方案》等4项成果。二是面对高速公路上车主需要救援,但无法确定自身所处位置的突出问题,四川省交通运输厅高速公路管理局于2021年5月开通了辅助12122服务热线话务员快速定位功能,12122话务员主动向无法定位的车主手机发送短信,车主在收到短信后点击链接上传实时位置,位置信息会及时展示在路网运行图系统上,便于话务员快速准确判断车主位置并做好转接工作,大幅缩短12122话务员确认无法准确描述位置的待援车主位置的时间,平均确认时长由以往的5分钟缩短到1分钟,缩短比例达80%。

11. 云南省,为保障广大乘客出行安全高效、优质便捷、信息数据准确,所辖站点认真做好与属地相关单位的联勤联动工作,每日认真填报服务区相关数据信息,便于出行信息发布准确,服务区相关信息在"游云南"App上可进行查询。推进服务区淋浴间、厕所、餐饮、直播等智慧化场景建设,并接入"一部手机游云南"平台,实现服务区各类设施网上预查和在线预订。建设智慧厕所、智慧服务区管理工作站。上线充电站和充电桩点位查询信息,为新能源车续航提供服务保障。通过开展"放心消费在昆明"创建活动,评选出

"放心消费在昆明"承诺店(承诺企业),建立"高速公路消费维权服务站",全力做好游客购物"30天无理由退货"宣传工作。

12. 陕西省,组织开展全省干线公路出行服务及气象服务满意度评价调查活动,通过线上、线下两种方式全面真实了解社会公众对陕西公路的需求、意见和建议,本次调查公众对陕西省干线公路出行服务总体满意度为82.50%,为良好水平。

13. 甘肃省,在全省高速公路服务区通过设置扶贫专柜(区),在兰州、天水市区精心打造了"陇货甘味直营店",引进了来自临潭县、会宁县、环县、灵台县等多个贫困县区的扶贫产品,并与40余家单位建立了扶贫产品长期供销合作,在青岛高速公路服务区设立12个陇南市扶贫产品专柜。建立消费扶贫"路上路下、线上线下、省内省外"三辆直通车,通过电商平台,直播带货、跨省合作,助推甘肃省贫困地区农产品增收、农业增效、农民致富和地域经济发展。

14. 青海省,一是全省共有高速公路服务区67个,国省干线服务站8个,并按照"示范、标准、综合、共享、功能"五个类型进行划分,制定人员配置标准和经营模式,为服务区标准化、规范化经营管理夯实基础。二是完成6个"交控能源"加油站的建设运营工作,统筹能源站建设经营。同时,已投运的服务区加油站实现"双品牌"运营,并积极推进成品油批发零售及油卡办理业务。三是完成马场垣、乐都、日月山、饮马峡服务区新能源汽车充电桩建设运营工作,撰写完成全省充电桩建设投运中长期规划草案。四是深度融合"交通+旅游"主题思路,依托日月山服务区"西北大环线"起点的独特地理优势,设置打卡地标、站牌、文创产品专柜等,将日月山服务区打造为西北大环线"第一站"、网红打卡地。

15. 新疆维吾尔自治区,创建"行天山路、传雪莲情"等窗口品牌,向社会公众展示了"微笑新疆"交通热情问候。面向客运、货运驾驶员推出了"做有温度的服务区",通过推进ETC"新e畅行"会员建设等举措,将ETC用户的行驶里程和缴费金额转换为会员积分,在服务区里免费喝上新疆"丝路之泉"、吃上一顿新疆特色抓饭、洗上一个热水澡、在客房睡一个安稳觉,结合对货车实施全疆不同路段差异化收费政策,有效降低了吃、住等成本,货运驾驶员幸福感和获得感进一步增强。加强服务区危险化学品运输车辆安全停放,制定并下发《服务区危险化学品运输车辆专项治理行动实施方案》,开展为期14个月的专项治理行动。

五、联网收费运营地方亮点工作

1. 天津市,优化ETC线上发行产品,丰富"津易行"小程序办理功能,线上发行量同比增加3倍。完成天津站、总医院、国家会展中心等34处停车场ETC支付功能建设,缓解收费拥堵。通过物联网、软件虚拟专用网络(VPN)、SASE-VPN等多种传输渠道,将传输加密、高可用、高效率结合一体,使联网收费系统在移动快捷收费、数据共享、ETC停车场应用等方面广泛提供服务,增加了业务拓展的灵活性,降低了运营成本。根据高速公路ETC车道、混合车道的日志记录格式及传输规则,通过对日志记录的抽取分析,为管理人员及运营公司提供收费员操作规范分析、收费异常操作分析、辅助稽核等功能。

2. 河北省, 2021年,完成新荣乌、京雄、京德、延崇赤诚支线、迁曹二期高速公路、延崇支线、二秦高速、秦滨高速8条高速路段收费系统的部署、联调联试及联网收费保障工作。这些高速公路的建成通车后,对完善雄安新区对外骨干交通路网,推动京津冀协同发展和交通一体化建设进程具有重要意义。自2021年9月28日起,石家庄市绕城高速公路实行免费通行,共撤销9个收费站,新增了石家庄市东、西、南、北四个方向出入市口端口站,方便车辆就近上下高速,打破了石家庄市绕城高速以内区域被新元、石太、黄石高速分割的局面,破解高峰期站口交通拥堵问题。

3. 山西省, 完成跨省抢险救灾服务平台建设,支持为跨省抢险救援车辆提供免费快速通行服务;完成货车分出入口差异化优惠系统建设,实现累计通行里程阶梯式差异化优惠;针对治超检测丢轴漏费问题进行深入调研,实施入口丢轴防治专项整治行动,规范入口治超管理,实施治超系统技术升级改造,有效防范货车丢轴漏费现象。

4. 内蒙古自治区, 持续拓展ETC多场景应用服务,2021年9月26日在呼和浩特市成功实现"ETC无感加油",走在全国前列。不断完善智能客服系统和智能短信平台,"12122""12328""95022"客服热线2021年共接听36.65万余通,服务满意率为99.38%,在ETC专项服务和路况查询、道路救援等普惠服务上效果明显,内蒙古畅捷高速公路联网收费结算有限公司客服部荣获"全国工人先锋号"称号。

5. 辽宁省, 围绕"交易查询不便捷、ETC充值时效低、发票延迟、对账困难"4个问题,打通与票根网之间的数据链,开发了"辽宁高速通企业服务平台",集ETC账户管理、交易查询、发票管理、企业问题咨询等功能服务于一体。利用"精准画像"技术,对绿色通道车辆实施信用管理,通过"白名单"制,对省内通行的集装箱车辆批量预约,辽宁省两项预约通行率均居全国第一。

6. 江苏省, 创新"有卡无亭""无卡有站""无卡无站"三步走技术路线,取得机电建设新布局等6项"新突破",破解收费架构一致性、匝道门架预交易等技术难题,编制《江苏省高速公路收费站准自由流收费建设指导意见(试行)》和技术规范等。五峰山准自由流收费站实现全路段准自由流通行,ETC道口交易时间缩短80%以上,30毫秒以内完成交易,交易效率提升3倍以上,成功率达到100%。确立以"数据价值挖掘、新基建落地、AI应用"为基础的数智运营立体设计框架,编制"十四五"建设路线图、数据资源目录、分系统设计和数据分析报告;大数据平台(一期)建成上线,为内外部单位统一提供数据共享服务;"数智营运–决策驾驶舱"投入使用,支持路网运营管理动态监测。

7. **安徽省,**大力推广ETC多场景应用。合肥、池州已被纳入全国智慧停车试点城市。开通运行阜阳机场、合肥高铁南站、高速时代广场、界首市人民医院、六安市、宁国市智慧停车项目等ETC停车试点,完成合肥城泊、上海晟势等停车场平台接入,建成省级ETC智慧停车云平台。

8. **山东省,**积极开展高速公路车道智能收费研究,制定了《山东省高速公路车道智能收费技术规范》。8月,省内第一条"智能收费车道"开通运行。10月,胶东机场收费站首次规模化启用车道智能"收费机器人"。在全国率先开展ETC无杆通行研究,设计研发收费站ETC匝道预交易系统已开通试运行,收费站通行效率提升30%以上。截至2021年12月,山东累计发行ETC套装用户2468.4万套,占全国发行总量的11%,居全国第一。

9. **河南省,**建立高速公路三级稽核体系,全年累计治理逃费车辆173.5万辆次,累计追缴补收通行费2.07亿元。其中,交投集团高发安新分公司联合高速公路公安局成立全省首个"通行费稽核协同打逃工作组",先后办理了"全省首例沉寂车治理""全省首例客车电话追缴""全省首例利用应急救援车政策逃费车辆治理"等多项专项治理工作,线上线下共治理逃费金额1100多万元,被"人民日报""中央电视台"等33家主流媒体正面报道。5月6日,河南省在全国率先启动现金支付电子发票试点工作,目前鹤壁站、郑州西南站、侯寨站和郑州南站等收费站试点进展顺利,有效提升车道通行效率。

10. **湖南省,**创新稽核举措,实现堵漏增收增效。试点启用AI稽核系统并在全省范围内推广实施,强化技术应用和数据分析,打击查处漏交、逃缴通行费车辆。自建"绿色通道"车辆管理系统,强化对车辆查验、减免等管理。2021年,全省高速公路查处逃费车辆3.99万辆,追缴车辆通行费2729.78万元,较2019年同比增长121.51%。

11. **贵州省,**积极牵头组织推进高速公路智慧管理大数据创新中心建设工作:主要包括高速公路智慧管理平台和综合试验平台。高速公路智慧管理平台主要围绕拆分系统改造、对账追偿系统、运行监控系统,基于国产化、跨平台、智能边缘管理的高速公路联网收费系统等开展了研究和应用工作;综合实验平台重点围绕入口自助发卡机、手持式便携收费机、移动式便携磅秤等开展了检测、研究和应用工作。在"多彩贵州·最美高速"创建管理平台、门架数据转交通调查数据应用、ETC智慧停车场建设、省中心统一ETC客户服务平台升级、移动检测车、ETC门架图片压缩和存储等方面做了一系列创新应用。

12. 甘肃省,在全国首家推行"车货无忧"公众责任保险。货车驾驶员不用掏一分钱,在甘肃省联网高速公路服务区发生的"货损""油损",都将免费得到赔偿。同时在服务区"司机之家"设立理赔服务点,进行快速理赔服务。兑付全国首笔"车货无忧"公众责任保险理赔款,实现了迅速理赔的承诺。

六、联网监测分析地方亮点工作

1. 北京市,实时接入北京市全部22条联网收费公路,187座收费站,296座收费门架的出入口交通通行数据、沿途门架通行数据、绿色通道查验数据、车牌识别数据,日均数据量2000余万条,初步具备了对高速公路交通量的动态监测能力。持续深入开展图像质量检测与视频智能分析研究,初步实现视频图像质量异常情况定时自动检测以及实时对特定视频出现人员闯入、交通拥堵、临时停车等交通事件的智能监测和分析。

2. 吉林省,2021年开展国省干线公路网运行监测与综合管理平台(一期)建设工作,开发"一主四专"5大功能界面("路网运行总体监测分析预警"主体界面和"路网交通流量、事件分析、公路养护、长大桥隧"专题监测界面),最大点位管理能力可达50万个,满足路网事件分析处理需求。新增国省干线公路重要路段视频监测点268个,包括209个重要路段(其中高交通流量区141个,事故高发区53个,自然灾害隐患区15个)、57座重要桥梁、2处重要隧道,配备前端视频拍摄与事件分析功能合一的定制设备,采用"前端存储+分析""互联网+VPN(虚拟专用网络)"组网方式,满足省地联合调试技术要求。

3. 黑龙江省,在黑龙江省所辖的1215.32公里公路高速公路上设计工业以太网交换机、云台摄像机、球形摄像机、供电远端机,实现每两公里一对外场监控摄像机,并在事故多发路段进行点位加密,基本完成对上述路段全程监控。私有云平台增设2000路视频智能分析系统及800路边缘视频智能分析系统,实现对高速公路、桥梁、隧道等交通区域的异常交通事件自动检测、自动报警、实时记录,系统可对异常停车、低速车流、排队超限、车辆逆行、行人穿越、路面遗撒、走应急车道等常见交通事件进行分析并将分析结果实时传送至黑龙江省级云平台。

4. 上海市,依托汇聚的各类数据资源开展分析研判工作,全年共完成各类分析报告154篇。常规分析报告完成包括路网、轨交、重点营运车辆等交通运行类月报及出租车季报等各类分析报告88篇。专题报告编制包括节假日出行指南、大型活动、交通热点跟踪等专题分析报告66篇。建立分析报告讲评机制,通过召开分析报告交流会等形式,听取行业管理部门的意见建议,进一步优化报告选题方案,完成"外牌限行一周交通运行情况分析""北横通道专题分析""超高车辆闯入事故专题分析"等专题分析报告编制。

5. 江苏省,坚持"应上尽上、上必可用"的原则进一步推进沿线视频上云工作,现有普通国省道沿线上云摄像机3804路,实现路况实时查询,社会公众调用视频超过800万次。南京、镇江、无锡等市部分农村公路沿线视频也向公众开放,通过"江苏路网"微信号实时获取公路沿线视频、施工信息、交通事故,以及服务区、停车区、渡口等信息。平均800米一个视频监控点,高清视频监控占比达到了98.5%。基于"云-管-边-端"新架构的视频云联网方案,率先完成了G2视频联网及省级视频云平台部省对接工作,实现视频监控图像的秒级调看,构建了数字化的平台体系。省级视频中台4.0与云端视频推流平台全面升级了50余项功能,新增30多项能力,全部具备自主知识产权。在保障视频传输快速、稳定、高质量同时,画质从"VCD"提升到"蓝光",相同画面信息量扩大16倍,视频切换秒级响应。

6. 江西省,搭建江西高速收费站拥堵监测平台,通过接入部路网中心交通大数据,实现全省高速公路收费站拥堵缓行时长、里程情况的实时监测预警;一并完成拥堵缓行数据可视化平台(大屏端&移动端)开发,落地试点了智慧交通公共服务系统。2021年全年,共预警预判收费站拥堵缓行事件4887次,收费站月均畅通率连续攀升至999.98‰。建立"交通+消防"和"交通+气象"信息资源共享圈,为全省11个消防救援支队指挥中心和江西省气象局开设江西省交通监控视频云平台账号,帮助消防支队指挥中心和江西省气象局实现了可实时监控全省高速和国道公路路况,为全省消防救援队伍处置各类交通运输领域事故提供了强有力的信息化支撑,为气象局核实天气情况和开展视频气象分析提供了基础图像。

7. 河南省,建立了全省高速公路基础数据库,采用高精度GIS地图,实现经纬坐标、道路桩号双标定;利用点云技术定期采集更新道路、桥隧、标识标牌、风险隐患点、应急物资等基础信息、实现实景图像数据查询。省市县三级监测体系不断完善。完善大屏、触摸屏、PC端、移动端构成的"星云平台",形成大、中、小、微四屏联动的业务监测和信息管理体系;建成覆盖全行业的应急指挥调度系统,通过加入应急指挥车、单兵设备等,可实现"部、省、市、车、点"五级联动。

8. 四川省,2021年,完成节假日《四川省综合交通运输联合分析预测报告》4期,主要围绕全省高速公路、普通国省干线车流量及道路、水路、铁路、民航客运等为主的综合交通运输,从出行量及其时间、空间的分布变化和特殊关注区域及点位等方面进行了综合分析预测。为各级各类交通运输服务保障部门全面了解节假日期间各区域、不同交通运输方式的公众出行需求情况,进一步做好综合出行服务保障相关工作,尤其是关键区域和时段接驳联运的提前准备提供预测分析支撑。完成编制《四川省国省干线公路经济运行分析报告》月度分析报告3期、季度分析报告3期、年度分析报告1期,主要围绕四川省路网运行概况、道路运输、重要路线、五大经济区路网经济运行情况、成渝地区双城经济圈路网经济运行情况等方面进行分析,为公路网运行与应急处置、公路规划设计与养护、交通经济运行分析、公众出行等业务提供数据支撑。

9. 贵州省, 截至2021年底,省级云平台及贵州交通视频云手机App与交通运输部平台共享高速公路、国省干线、客运及水运上云监控视频22050路,在全国高速视频云排名中,接入数量位居第一,在线率位居前列。首次开展图形处理器(GPU)新技术事件检测服务器的测试工作。通过基于GPU新技术的事件检测,已实现行人、停车、拥堵及抛撒物等交通异常事件实时监测预警,全省交通系统各级管理部门及经营单位已全面运用该平台及手机App改进工作方式。视频云联网充分利用内容分发网络(CDN)技术,一是使交通行业视频调阅达到十万级并发能力,使交通行业视频监控调阅具备媲美互联网流媒体的播放效果;二是开发精确到分钟级的视频累计在线率、视频离线时长的统计功能,彻底改变传统视频状态不准确、轮巡功能误差大等问题。

七、"智慧公路"试点建设亮点工作

1. 北京市, 北京市交通委员会组织编制并发布了北京市交通标准化技术文件《智慧高速公路建设指南(试行)》(BJJT/0060—2021)。顺利完成延崇高速智慧公路试点项目建设,实现基础设施数字化、路运一体化车路协同、北斗高精度定位综合应用、基于大数据的路网综合管理、基于"互联网+"的路网综合服务、隧道智能巡检和应急处置联控系统的落地应用,为冬奥交通保障提供支撑。

2. 天津市, 打造首个车路协同自然场景数据库,涵盖80类不同气象条件和光照时间段的道路交通环境数据、200多类不同道路交通环境车辆驾驶行为数据、100类不同弱势交通参与者行为的数据。持续探索多场景、常态化示范运营模式,已开发、部署9类自动驾驶应用场景及产品,累计运营里程5万多公里。

3. 山西省, 建成阳泉数据中心一期工程16万台服务器,初步构建了车路协同"数据大脑"。完成了边缘计算、监测、预警和实景三维数字孪生系统等路域信息感知、融合与车路交互技术设施设备的研发,并开展了园区周边无人驾驶车辆高精度地图数据植入,基本实现实验路段远程显示和控制。研发了L4级自动驾驶车辆,分别在城市道路与高速公路测试路段累计开展了约5.8万公里和100多个小时的在途车辆高精度寻迹与定位数据采集,基本形成了智能网联货车编队技术解决方案。

4. 黑龙江省, 深入开展车路协同的边缘计算算法研究,为黑龙江省寒区车路协同自动驾驶技术应用提供了寒区车端、路端、云端等技术,为设备测试验证提供极寒天气环境,并支持路侧通信设备、车联网及智能驾驶技术的研发测试工作。建设气象及路面监测预警诱导设备,并利用智慧平台分析车辆数据、气象数据、路网速度管控等关键数据,对高速公路行驶车辆的行驶路径、行驶速度进行精准管控。为高速公路在冰雪天气条件下不封道、精准封道或限速预约通行提供支撑,实现极端天气下的准全天候通行。利用高精度地图、高精度定位、单车智能自动驾驶改造、数字孪生等高新技术手段实现无人驾驶通关技术的研究,为解决黑龙江省跨境物流运输提供了新方法与新思路,后续可应用于各类跨境口岸无人驾驶货运通关项目,为我国跨境无人驾驶物流运输打造可复制、可推广的案例样板。

5. 江苏省, 先后印发《普通国省道智慧公路建设技术指南》《江苏省普通国省道智慧公路建设案例集》以及《普通国省干线公路智慧工地建设技术要求》。顺利完成智慧路网云控平台项目一期建设任务。完成《江苏路网关键技术研究》研究,出台了《江苏省公路网运行管理办法》等规范性文件,公路、公安交警、路公司签订了视频、事件等多项信息共享框架协议。全省建成运行的68个县级路网中心完成软件定义广域网(SD-WAN)网络改造,省界所有55个交调站点增加车牌识别功能改造,全省13个市路网中心完成情报板汇聚上云改造,并在徐州市进行语音上云试点应用。完成高速公路93个服务区网络的SD-WAN改造,建设完成枢纽及服务区等共计36处全景摄像头,完成94个服务区卡口、355个收费站的道口、480个门架的车牌上云网关建设工作,实现车牌的云端快速识别。

6. 浙江省, 2021年7月,省交通运输厅正式印发《浙江省综合交通运输发展"十四五"规划》,明确到2025年建设改造提升智慧高速公路1000公里;印发《浙江省交通运输新型基础设施建设"十四五"实施方案》,重点明确了全省智慧高速网建设的重点任务和重点工程。目前,已实施的项目有:①沪杭甬高速智慧化改造,正深化实施沪杭甬二期智慧化改造项目,主要是从主动发现、主动管控、主动服务三个方面细化建设48公里重点路段及构建全线248公里配套功能。②杭绍台高速绍兴金华段,全长116公里,主要开展了智慧隧道、智慧服务区、准全天候通行、车路协同为核心的四大特色场景探索。③杭州绕城西复线智慧公路试点,围绕部里三个方向的试点任务,在全线148公里左右开展了智慧化应用探索。④杭绍甬智慧高速公路建设,全长约150公里,通过深度的数字化基础设施、综合感知管控等建设,支撑智慧高速的六大应用场景。

7. 安徽省, 一是2021年4月27日,长三角三省一市交通运输部门主要负责人拟签署了《长三角智慧高速公路建设战略合作协议》,共同谋划宁波—杭州—上海—南京—合肥"Z"字形新一代智慧公路示范通道建设,由浙江省牵头,上海、江苏、安徽配合。安徽省主要承担宁芜、合宁两条高速公路智慧化建设任务。二是开启5G智慧升级,依托5G、物联网、增强现实(AR)/虚拟现实(VR)等核心技术能力,实现智慧厕所、停车场管理、电力管理、经营管理、流量管理、重点设备管理、实时路况播报、天气信息查询、5G智能体验等功能于一体的智慧化提升,先后获评工业和信息化部第四届"绽放杯"5G应用征集大赛智慧交通专题比赛一等奖、"安徽省5G行业创新应用"等荣誉。

8. 福建省, 成功举办福建高速第二届科创论坛,成立中科院无人机福建高速科创基地、华为-福建高速联合创新实验室;成立科技创新研究院实体运作,"1+4+N"创新体系进一步健全;智能建造、智能管养、智慧出行等实施方案通过以院士为组长的专家组评审,高速公路未来交通运输全产业链科技创新路线图基本成型;联合院士团队开展智慧高速顶层设计,初步形成以数据驱动为基础、数据资源为核心、数据与应用分离为原则的信息化系统总体架构。

9. 江西省, 2021年2月份开始,江西省启动了信息化建设"珍珠计划"行动,依托2020年视频云联网项目及前期集团信息化建设成果,将所辖高速公路机电相关设施、设备,打磨、穿线做成"项链",形成"数字大脑"。应急管理系统、清障救援系统(升级)、支付对账系统、综合运营管理系统、机电运维管理系统、收费稽核系统、知识库系统等相关业务系统部门已试点运行。

10. 广东省, 在省级,打通与省交通运输厅一体化数字平台的对接交互,实现基础数字化资源共享。在区域级,依托2021年全面建成的集团数据(灾备)中心,集"生产云、感知传输云、人工智能云、大数据云和数据容灾系统"于一体,实现"云为大脑、网为神经、一点接入,多云访问"的架构,全面支撑集团路运一体化全业务链条的各项应用。在路段级,建立示范工程全域数字孪生模型,可实时获取桥隧、长下坡、服务区、合流区等重要点段管控信息,打通集团、二级单位、路段单位的协同链路,实现应急指挥调度一盘棋,以及收费告知、事件预报警、服务区信息定制等综合服务。驾乘人员可通过基于高精度地图、北斗高精度定位的车路协同车载终端,雷视融合轨迹,实时获取车道级车辆位置信息,以及沿途的标识牌、门架、通信站、情报板等信息,实现辅助驾驶决策。当车辆发生故障时,可发起一键救援(实时查看救援进度、救援车辆位置),有效提升救援效率。

11. 广西壮族自治区, 一是公路网智慧监测一体化应用示范项目已完成智能出行云平台一阶段建设,于2021年1月在总里程超过300公里的区域高速公路网上线试运行;桂柳改扩建安全施工信息化管控平台已成功搭建,有效提升改扩建施工安全处治效率。二是完成那马服务区智慧化改造,建成服务区可视化分析决策平台。完成服务区商业运营管理平台1.0版本的上线,目前已在大浦路、融河路等5对服务区上线运行。

12. 重庆市,出台20条政策措施支持西部陆海新通道建设运营,成功组建西部陆海新通道物流和运营组织中心,成立"13+1"省际协商合作机制,全力打造国际性综合交通枢纽城市。推动成渝地区双城经济圈交通一体化发展,出台《成渝地区双城经济圈综合交通运输发展规划》,签署川渝交通深化合作"1+6"框架协议和年度工作要点,成立省市级交通专项工作组,建立定期沟通磋商机制,川渝间高速公路通道达到16个,成渝双核间形成4条高速大通道。11个"川渝通办"事项实现线下"异地可办"、线上"全程网办"。川渝合作正式发布全国首个智慧高速公路地方标准。大力推进毗邻地区公路建设主动与四川省公路交通部门对接,加快推进成渝毗邻地区公路发展,完工S539古楼至潼南界等4个成渝地区双城经济圈交通一体化发展重点项目。

13. 四川省,一是组织建设了基于视频智能分析的"慧眼达"监测系统,通过AI人工智能视频分析实现对路段车辆违章停车、拥堵、行人等交通异常事件进行监测,并将事件报警上传到省中心。2021年系统共接入摄像机点位180路,各类检测事件上报总数为22126件,事件上报准确率达95%以上。二是开展"车路协同"试点,在都汶高速龙池镇打造西南地区首个5G智能网联及L4级自动驾驶高速封闭测试场,全面启动面向山区道路等场景的车路协同场景测试以及有关技术标准规范研究工作。

14. 贵州省,一是加强高速铁路、高速公路、普通公路、城市轨道交通与市政道路的衔接,以贵阳市"数博大道"等试点项目建设为依托,探索"出行即服务(MaaS)",推进"大容量公共交通+物业"开发,服务支撑新型城镇化。二是以"四好农村路"建设为载体,以"交邮融合"等为抓手,推动完善山区公路建设运营安全风险管控体系,推进县、乡、村三级农村物流节点体系建设。三是深度挖掘以世界级桥梁等为代表的交通工程旅游元素,实施昆国高坝陵河大桥等4项"桥旅融合"示范工程、安顺国家路游旅游区项目等4项"路旅融合"示范工程,千里乌江滨河度假带等5项"航旅融合"试点工程,改善重点旅游区交通基础设施条件。

15. 云南省,交通主管部门出台《云南省数字交通总体方案》《云南省智慧交通行动计划(2021—2022年)》《昆大丽香和昆玉磨智慧高速建设方案(2021—2022年)》《云南省交通运输信息化"十四五"规划》等指导和规范性文件。建成22万公里二维数字地图及澜沧江103公里电子航道图,整合3700余公里三维数字化路网模型,农村公路通过卫星遥感影像完成核查工作。完成了"昆明—大理—丽江—香格里拉"智慧高速示范建设,完成省级智慧高速管控平台和省级智慧高速服务平台建设。初步完成省厅综合交通大数据中心建设。

16. 青海省,通过集中监控项目建设,构建"省联网运营管理中心—区域联网运营管理中心—收费站/隧道管理站"三级管理模式,搭建一体化的全路网综合集中管控平台,实现全省高速公路收费、道路、隧道监控一体化的集中管理。理顺收费运营管控和监测指挥处置的管理层级和工作流程,完成监控集成和平台聚合,推动模式转变和职能转型。

附录A 全国高速公路通行量分省汇总表

全国/省（区、市）	总量（万辆次）	客车（万辆次）	货车（万辆次）
全国	3198.80	2451.63	747.16
广东	652.36	502.22	150.14
江苏	213.79	148.47	65.32
河北	129.26	82.47	46.78
浙江	172.12	129.90	42.23
四川	153.42	111.51	41.91
河南	220.57	182.75	37.82
山东	128.74	98.63	30.11
陕西	115.65	89.86	25.79
北京	100.01	74.72	25.29
上海	64.00	39.92	24.08
湖南	105.73	82.16	23.57
贵州	101.84	78.31	23.53

续上表

全国/省(区、市)	总量(万辆次)	客车(万辆次)	货车(万辆次)
福建	90.10	67.60	22.50
云南	73.85	52.09	21.76
湖北	94.81	74.73	20.08
安徽	83.27	64.16	19.11
山西	73.09	54.78	18.31
广西	121.10	104.61	16.49
重庆	56.53	40.60	15.93
江西	89.44	73.87	15.57
辽宁	47.37	31.80	15.57
天津	70.33	54.81	15.51
内蒙古	23.90	14.16	9.74
甘肃	29.77	21.03	8.74
吉林	19.88	11.90	7.98
黑龙江	22.02	15.50	6.52
新疆	25.26	19.23	6.03
宁夏	17.12	11.92	5.20
青海	10.42	8.12	2.29

注:1. 全国高速公路交通量不含西藏、海南。
   2. 全国流量按入省重复统计,分省流量按合计值统计。

附录B 6条主要通道运行状况评价结果汇总表

序号	通道名称		技术状况		阻断情况		拥挤度	拥挤情况		通道运行指数
			PQI	技术状况空间分布	阻断程度	阻断事件特征		交通量空间分布特征	拥挤度空间分布特征	
1	京哈通道	高速公路	93.50	全路段均处于优等等级水平	累计阻断时间 877.70d 累计阻断里程 19621.78km 阻断严重度 13328.53 km·d		0.60 基本畅通	京哈通道中的高速公路(G1)北京、天津、辽宁和吉林段交通量较大,其中辽宁段超过50000pcu/日。各路段拥堵程度不同程度下降。平行的G102,天津、河北段交通量较大,超过30000pcu/日;黑龙江段交通量最小,小于10000pcu/日;天津、辽宁、吉林、黑龙江段交通量同比有所增长,其他路段同比有所下降	京哈通道高速公路(G1)中,河北段严重拥堵,辽宁段和天津段轻微拥堵,其余路段均基本畅通或畅通。与去年相比,辽宁段、吉林段拥堵情况有所缓解,其余路段基本持平。平行的普通公路(G102)中,河北段和吉林段中度拥堵,辽宁段严重拥堵,北京段、黑龙江段基本畅通,天津段轻度拥堵,其余路段基本持平。与去年相比,天津段和辽宁段拥堵情况有所加剧,其余路段基本持平	
		普通公路	90.89	除吉林、黑龙江段处于干良等水平,其余路段均处于干优等水平	累计阻断时间 618.76d 累计阻断里程 418.01km 阻断严重度 41915.22 km·d	京哈通道全年共上报阻断事件555起,其中突发性阻断事件496起,计划性阻断事件59起。辽宁省境内路段阻断事件数量最多,黑龙江省阻断严重程度最高	0.83 轻度拥堵			

续上表

序号	通道名称	技术状况		阻断情况			拥挤情况			通道运行指数
		PQI	技术状况空间分布	阻断程度		阻断事件特征	拥挤度	交通量空间分布特征	拥挤度空间分布特征	
2	京沪通道 高速公路	94.34 优等	全路段均处于优等等水平	累计阻断时间 3896.22d 累计阻断里程 33680.07km 阻断严重度 272338.08 km·d		京沪通道全年共上报阻断事件974起,其中突发性阻断事件912起,计划性阻断事件62起。北京市境内阻断事件数量最多,江苏省境内阻断严重程度最高	0.76 轻度拥挤	京沪通道中的高速公路(G2)全线交通量都较大,上海段交通量最大,超过100000pcu/日;北京、河北、山东段交通量相对较小;北京、河北、上海段交通量同比有所增长,其余路段有所下降。	京沪通道中的高速公路(G2)中,北京段、上海段和江苏段严重拥堵,天津段、河北段和山东段基本畅通或基本持平	
	普通公路	91.50 优等	除河北段处于良等水平,其余路段均处于优等等水平	累计阻断时间 645.73d 累计阻断里程 27.95km 阻断严重度 2861.07 km·d			0.95 中度拥挤	平行的普通公路中,G205 江苏段交通量超过40000pcu/日,G104 河北段、G312 上海段和G205 山东段交通量均超过30000pcu/日。与去年相比除上海段交通量同比有下降外,其他路段交通量同比有所增长	平行的普通公路中,G312 上海段严重拥堵,G104 北京段、河北段、G205 山东段和G205 江苏段中度拥堵,G104 天津段轻度拥堵。与去年相比,G312 上海段拥堵程度加剧,G205 山东段、G104 河北段和天津段拥堵情况有所加剧,G205 江苏段和天津段有所好转,其余路段与去年基本持平	

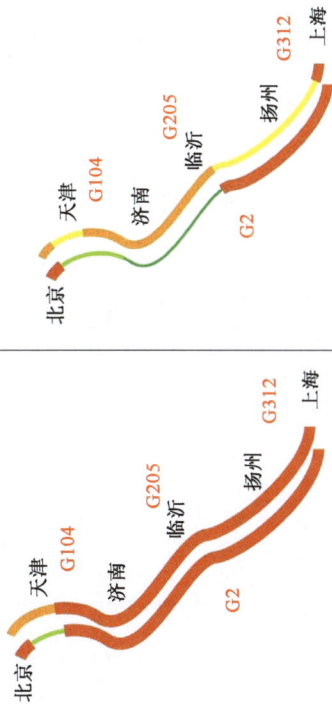

（交通量空间分布图：北京—天津—G104—济南—G205—临沂—扬州—G312—上海，G2）

（拥挤度空间分布图：北京—天津—G104—济南—G205—临沂—扬州—G312—上海，G2）

续上表

序号	通道名称	技术状况		阻断情况			拥挤情况			通道运行指数
		PQI	技术状况空间分布	阻断程度	阻断事件特征		拥挤度	交通量空间分布特征	拥挤度空间分布特征	
3	京港澳通道	93.76	全路段均处于优等水平	累计阻断时间 7398.26d	京港澳通道全年共上报阻断事件 5159 起，其中突发性阻断事件 3675 起，计划性阻断事件 1484 起。湖南境内路段阻断事件数量最多，河南省阻断严重程度最高		1.02 严重拥堵	京港澳通道中的高速公路（G4）交通量较大，全线均超过 3000pcu/日，其中北极段交通量最大，超过 70000pcu/日；除河北段交通量同比均有所增长，其余路段同比均有所增长。平行的普通公路广东段超过 4000pcu/日，接近 20000pcu/日。湖南段交通量最小，与去年相比各段交通量均有所增长	京港澳通道中的高速公路（G4）河北段、广东段严重拥堵，北京段中度拥堵，其他路段段轻度拥堵。与去年相比，广东段和北京段拥堵情况有所加剧，其余路段拥堵程度基本持平。平行的普通公路 G107 除河南段基本畅通，其余路段中度拥堵。与去年相比，河北段拥堵情况有所加剧，其余路段基本持平	
	高速公路			累计阻断里程 62321.66km						
				阻断严重度 266084.56 km·d						
	普通公路	88.33	京冀段处于优等水平，其余路段处于良等水平	累计阻断时间 184.43d			0.96 中度拥堵			
				累计阻断里程 224.44km						
				阻断严重度 1864.13 km·d						

续上表

序号	通道名称	技术状况		阻断情况		拥挤情况			通道运行指数
		PQI	技术状况空间分布	阻断程度	阻断事件特征	拥挤度	交通量空间分布特征	拥挤度空间分布特征	
4	长深通道	高速公路 94.08	全路段均处于优等水平	累计阻断时间 1606.69d 累计阻断里程 38353.09km 阻断严重度 19954.78 km·d	长深通道全年共上报阻断事件787起,其中突发性阻断事件632起,计划性阻断事件155起。江苏境内阻断事件数量最多,阻断严重程度最高。	0.44 基本畅通	长深通道中的高速公路(G25)吉林段、福建段、辽宁段交通量较小,其余路段交通量均较大。最大的山东段,接近70000pcu/日,天津段也超过50000pcu/日。与去年相比,吉林段交通量同比有所增长,其余路段有所下降。 长春 唐山 沈阳 天津 G112 G101 G203 济南 G205 G25 连云港 南京 G104 杭州 福州 G205 广州	长深通道中的高速公路(G25)全线较为通畅,仅山东段和浙江段达到轻度拥堵,其余路段基本畅通或畅通。与去年相比,各路段拥堵情况基本持平。 长春 唐山 沈阳 天津 G112 G101 G203 济南 G205 G25 连云港 南京 G104 G330 杭州 福州 G205 广州	
		普通公路 91.02	吉林和福建段处于良等水平,其余路段处于优等水平	累计阻断时间 7038.47d 累计阻断里程 194.86km 阻断严重度 22284.63 km·d		0.87 轻度拥堵	平行的普通公路中,G205江苏段交通量最大,超过40000pcu/日,福建段交通量最少,除G112河北段、G104浙江段小于10000pcu/日。与去年相比,其余路段交通量有所下降,江苏段交通量有所增长	平行的普通公路中,G203吉林段、G205天津段交通情况基本畅通或中度拥堵。G205山东段、G205天津段轻度拥堵。其余路段比G203吉林段、G112河北段、G205天津段情况略有加剧,G205山东段、安徽段拥堵情况略有好转,江苏段、安徽段阻断情况基本持平	

续上表

序号	通道名称	技术状况		阻断情况		拥挤情况			通道运行指数
		PQI	技术状况空间分布	阻断程度	阻断事件特征	拥挤度	交通量空间分布特征	拥挤度空间分布特征	运行指数
5	连霍通道	高速公路 93.38	全路段均处于优等水平	累计阻断时间 6378.81d 累计阻断里程 72521.61km 阻断严重度 317636.59 km·d	连霍通道全年共上报阻断事件2491起,其中突发性阻断事件2117起,计划性阻断事件374起。新疆境内阻断事件数量最多,甘肃境内阻断严重程度最高	0.46 基本畅通	连霍通道中的高速公路(G30)河南段到陕西段交通量超过50000pcu/日,其余路段交通量在25000pcu/日以下。与去年相比,陕西段和甘肃段交通量有所增长,其余路段交通量有所下降。 乌鲁木齐 G312 兰州 G30 西安 徐州 G310 郑州 连云港	连霍通道中的高速公路(G30)全线较为畅通,除河南段轻度拥堵外,其余各路段均为基本畅通或畅通。与去年相比,甘肃段交通情况有所加剧,其余各路段拥挤度基本持平。 乌鲁木齐 G312 兰州 G30 西安 徐州 G310 郑州 连云港	
		普通公路 91.28	河南和陕西段处于良等水平,其余路段处于优等水平	累计阻断时间 2594.60d 累计阻断里程 948.14km 阻断严重度 32096.71 km·d		1.06 中度拥堵	平行的普通公路中,G310安徽段交通量较大,超过25000pcu/日,G312新疆段交通量最小,小于10000pcu/日。与去年相比,各段交通量均有所增长	平行的普通公路中,G310安徽段中度拥堵,其余路段基本畅通,河南段轻度拥堵,安徽段拥堵略有加剧,其余路段拥堵基本持平	

续上表

序号	通道名称	技术状况		阻断情况		拥挤情况			通道运行指数
		PQI	技术状况空间分布	阻断程度	阻断事件特征	拥挤度	交通量空间分布特征	拥挤度空间分布特征	
6	沪蓉通道	高速公路 93.87	全路段均处于优等水平	累计阻断时间 3051.67d 累计阻断里程 19914.49km 阻断严重度 55801.69 km·d	沪蓉通道全年共上报阻断事件4873起。其中突发性阻断事件3026起,计划性阻断事件1847起。重庆境内阻断事件数量最多,阻断严重程度最高	0.63 轻度拥堵	沪蓉通道中的高速公路(G42)江苏段交通量最大,超过100000pcu/日,接近20000pcu/日量最小的重庆段,交通量同比基本持平,其余路段有所增长。平行的普通公路中,G312江苏段交通量最大,接近5000pcu/日,重庆段交通量较小,接近5000pcu/日。与去年相比,G312江苏段、安徽段、G318重庆段和四川段交通量有所增长,其他路段有所下降	沪蓉通道中的高速公路(G42)江苏段轻度拥堵,四川段中度拥堵,达到中度拥堵,四川段基本畅通或中度拥堵,其余路段基本畅通。与去年相比,四川段拥堵有所加剧,其余路段拥堵情况基本持平。平行的普通公路中,G312上海段严重拥堵,其余路段拥堵,江苏段轻度拥堵。与去年相比,上海段拥堵畅通或有所缓解,其余路段拥堵情况基本持平	 重庆 宜昌 G42 武汉 南京 G312 上海 成都 G318 重庆 宜昌 G42 武汉 南京 G312 上海 成都 G318
		普通公路 90.93	除湖北段处于良等水平,全路段均处于优等水平	累计阻断时间 1516.13d 累计阻断里程 1017.45km 阻断严重度 11762.10 km·d		0.75 轻度拥堵			

附录C 全国公路网运行监测设施一览表

高速公路网运行监测设施一览表（单位：套）

附表 C-1

序号	省（区、市）	车辆检测器	交通量调查设备	单要素/多要素气象监测站	桥梁健康监测系统	隧道健康监测系统	可变情报板	无人机	应急通信车	移动巡查车	路段（互通）摄像机	服务区、收费广场摄像机	桥隧摄像机
1	北京	933	84	29	8	—	528	5	1	70	1760	1194	1621
2	天津	—	166	1	—	—	340	—	—	2	2833	388	58
3	河北	—	188	—	1	—	—	—	—	—	5166	1271	869
4	山西	285	77	31	17	11	1040	38	1	88	2210	1008	8143
5	内蒙古	225	45	47	1	—	506	3	—	16	1350	650	450
6	辽宁	438	88	45	35	—	906	10	—	202	2487	813	1665
7	吉林	220	137	87	1	1	2038	10	—	80	2406	4253	2612
8	黑龙江	8	50	37	—	—	562	—	—	—	2850	536	28
9	上海	971	174	29	3	3	563	—	—	6	1487	508	678
10	江苏	—	109	302	—	—	1502	—	—	—	5868	4563	—
11	浙江	1241	160	184	15	2	1898	—	—	—	5964	2429	10933
12	安徽	478	132	1298	12	—	1095	1	—	12	4304	1053	2929

续上表

序号	省（区、市）	车辆检测器	交通量调查设备	单要素/多要素气象监测站	桥梁健康监测系统	隧道健康监测系统	可变情报板	无人机	应急通信车	移动巡查车	路段（互通）摄像机	服务区、收费广场摄像机	桥隧摄像机
13	福建	998	86	32	11	—	1981	7	—	301	3195	2459	12918
14	江西	528	21	72	2	—	656	15	—	—	5821	4521	3934
15	山东	485	261	203	16	1	1290	30	1	365	9646	3459	1113
16	河南	—	1237	—	5	—	1226	99	1	—	6740	5275	—
17	湖北	276	60	276	15	—	1738	98	—	228	1540	2215	4165
18	湖南	458	112	96	4	3	1310	9	2	125	5743	1010	4571
19	广东	697	136	63	22	3	1510	166	—	280	8496	5230	10941
20	广西	—	96	8	12	—	1457	8	—	—	2713	2358	6413
21	海南	92	138	37	2	—	221	1	1	1	—	10	—
22	重庆	580	52	120	5	—	1929	5	3	102	1805	—	2932
23	四川	1235	81	536	30	1	1194	—	1	0	6845	5592	15918
24	贵州	2269	137	206	1	—	3048	38	1	661	5819	1994	17989
25	云南	1505	118	615	178	145	1955	60	31	2255	3863	1786	8608
26	西藏	—	9	—	—	—	—	—	—	—	—	—	—
27	陕西	343	85	52	—	—	1033	—	—	—	38	1492	11300
28	甘肃	—	103	90	2	5	1513	7	—	39	4031	410	7732
29	青海	—	31	—	1	—	415	3	11	44	95	274	2371
30	宁夏	55	55	23	4	—	258	10	1	—	1163	1227	410
31	新疆	478	181	82	—	—	674	2	—	4	731	340	146

附表 C-2

普通国省干线公路网运行监测设施一览表（单位：套）

序号	省（区、市）	车辆检测器	交通量调查设备	单要素/多要素气象监测站	桥梁健康监测系统	隧道健康监测系统	可变情报板	无人机	应急通信车	移动巡查车	路段（互通）摄像机	服务区、收费广场摄像机	桥隧摄像机
1	北京	167	375	28	6	—	324	—	—	—	595	—	308
2	天津	—	251	—	—	—	10	—	—	—	131	157	62
3	河北	—	612	—	—	—	—	—	—	—	—	—	—
4	山西	—	123	—	3	27	3	15	—	43	307	51	329
5	内蒙古	86	114	—	5	6	56	1	—	442	42	55	39
6	辽宁	—	243	—	2	—	15	1	1	—	172	—	146
7	吉林	—	72	—	—	—	23	1	—	—	12	—	59
8	黑龙江	—	112	2	2	—	5	1	—	169	—	—	54
9	上海	192	192	5	—	—	16	—	—	—	320	228	—
10	江苏	748	725	27	77	2	190	40	2	120	3669	138	1086
11	浙江	—	417	—	11	4	—	—	—	—	981	—	—
12	安徽	—	265	—	14	21	13	—	—	—	274	78	248
13	福建	—	234	—	—	—	136	3	2	177	1152	26	486
14	江西	—	711	—	52	—	386	32	—	—	2112	—	82
15	山东	—	—	—	—	—	0	—	—	—	565	—	64
16	河南	—	406	18	6	—	46	19	—	—	628	—	261

续上表

序号	省（区、市）	车辆检测器	交通量调查设备	单要素/多要素气象监测站	桥梁健康监测系统	隧道健康监测系统	可变情报板	无人机	应急通信车	移动巡查车	路段（互通）摄像机	服务区、收费广场摄像机	桥隧摄像机
17	湖北	—	562	—	5	—	96	11	—	139	397	82	276
18	湖南	145	92	5	—	—	33	—	—	16	650	—	28
19	广东	34	546	—	5	—	105	—	—	—	1820	—	100
20	广西	—	221	—	1	—	48	99	2	1	116	—	4
21	海南	—	—	—	2	—	—	1	1	—	—	—	—
22	重庆	—	321	—	20	—	27	—	—	139	25	—	35
23	四川	—	260	—	—	—	—	3	3	—	—	—	—
24	贵州	25	169	2	4	—	30	33	31	48	147	—	27
25	云南	94	1551	23	—	4	72	107	9	373	685	31	44
26	西藏	—	125	—	—	—	4	—	—	54	31	—	—
27	陕西	246	232	6	—	—	72	10	1	20	448	18	58
28	甘肃	—	183	—	6	1	62	6	1	124	579	—	261
29	青海	200	111	—	—	—	68	4	8	45	118	—	35
30	宁夏	—	165	—	—	—	—	—	—	—	—	—	—
31	新疆	38	281	11	—	—	516	7	—	71	76	600	91

《中国公路网运行蓝皮书(2021)》

各省(区、市)参编人员

北京

翟雅峤　王　蔚　冯宗敏　宋　蒙　唐墨涵

天津

魏宏云　王桂英　汪东升　李海斌　刘新杰　王　雷　张　亮

王宝林

河北

刘彦涛　康晓燕　孙　芳　雷电军　高　军

山西

王　强　刘国干　陈　阳　刘　超　李靖宇

内蒙古

邢占文　温旭东　冯　丹　袁　野

辽宁

赵　乐　袁　跃　高　照　郑　婷　黄　星　王忠发

吉林

王希碧　张　寒　诸　明　于　丹　刘家豪　王　雪　张宏国

张需鹏

黑龙江

臧全胜　马向东　蔡　颖　申佳峰　高　峰　赵　继

上海

吴　巍　高子栋　王　枫

江苏

杨伟东　罗全胜　王建刚　董　松　王军辉　马梦豪

浙江

洪　斌　吕伟东　余　泉　范伟刚　鲁　斌　王哲磊　支冬美

安徽

阮怀敏　徐　翔　刘昭纲　王　波　靳忆润　王　俊

福建

邹　莹　沈　琦　李世忠　张　铭　陈　雄　郑学忠　陈荣义
王　烨　陈何明

江西

徐华兴　王　硕　黎　川　唐嘉立　蒋雪菲　付　頔　邓小俭
邹志强　裴麟成　杨　龙　林茂森　王遐莽

山东

崔允俊　张　皎　孙法瑶　孙飞飞　高玮阳

河南

靳　明　王　地　曹　辉　康艳利　郭　晶　胡颖雷　韩松坡
史　良　娄新凤　李　磊

湖北

孙　军　朱　磊　黄　河　程　飞　李振兴　叶　蜜　叶丽丽

湖南

王　嘉　李振华　肖和平　邵泽峰　吴　巍

广东

孙波行　王振华　张建栋　黄今亮　罗胜坚　陈　春　孟　浩

广西

李金定　刘鹏博　黄贵积　梁　燕　冯　勇　潘俞志　胡月明
韦秀姣　丘月明　刘斌杰

海南

叶　茗

重庆

刘　幸　黎　洪　王武顺利　秦　江　易　婷　宋春梅　张　杰

四川

翟艺阳　邸月龙　张　韬　孔　迪　连　殷　李一凡　练　睿
赵海东　李沈凌　文　俊　张业红

贵州

高林熹　李廷祯　吴卓越　成　倩　汪利娅　曾志敏　杨　健

云南

黄小弟　刘　一　阮鸿柱　吴幸妮　董　迅　邹岩鹏　赵东升

西藏

陈　彬　付钲涵　刘　永　张　伟

陕西

南争伟　马　甲　向　红　王　军　王　磊

甘肃

刘金亮　王光超　郭凯兵　沈菊梅　贾　琳

青海

田明有　唐文峻　林　波　蔡兆强　祝可文　张乃月　李彩虹

宁夏

白世梅　李京鹏　刘亚萍　李　艳　姬海军　杨登荣　潘映龙
赵中飞　陈雷雷

新疆

赵　勇　张　凯　穆塔巴尔·木合塔尔　王　越　张海莉
李建军　卡米尔　孙　静　朱啸辰